傷痛沒有特效藥，
勇於面對情緒浪潮，
就是最好的處方箋

療癒，從感受情緒開始

美國諮商博士、執業諮商師
留佩萱——著

【推薦文】

勇敢面對脆弱的自己

王意中心理治療所所長／臨床心理師　王意中

長期以來，我們總是帶著有色眼光來看待情緒這件事。情緒被迫區分為能夠攤開在明亮檯面上，以及必須隱藏在灰暗桌面下。有些情緒，令人望而生畏、生厭、敬謝不敏，不願讓這些情緒附著在身上。

我們總是極力推開某些負面情緒，選擇迴避而漠視，但它們依然存在於內心深處，恣意發酵。然而，情緒本質沒有好壞，沒有絕對，不需批判，不用評價。它們都是屬於自己的存在，隨著時間而逐漸形成眼前的自己。

閱讀這本書，讓我們有了打開自己情緒心門的動力，勇於面對在這扇門裡所存在的正負面情緒。讓我們允許自己保有當下的任何情緒，合理善待自己。重新梳理情緒，自我覺察情緒，讓自己更加熟悉內在的自己與外在他人之間的關係，接受脆弱而真實的自己。

【推薦文】

容許感受、呵護情緒的心理療癒之路

臺灣諮商心理學會理事長　李玉嬋

做為一位諮商心理師，在諮商室裡，聆聽著一個個無常意外的故事，悲傷伴隨著不解；憤怒夾雜著絕望；羞愧隱藏著怨恨……很多人深陷其中，分不清楚悲傷、憤怒、羞愧等「情緒」，其實可能會被自己「感受」情緒的方式，加重了內心戲碼的殺傷力，而讓創傷情緒被衍生出的不解、絕望、怨恨等感受給淹沒。

其實，「情緒」與「感受」不一樣。如果能容許自己重新去感受情緒，再次定睛、覺察、梳理、解讀、呵護受傷情緒的存在，或許就可理解此書所言，療癒從感受情緒開始，可能可以發現情緒其實是一種蛻變內心的能量。容許感受、呵護情緒，可以展開心理療癒之路。

然而，「情緒」與「感受」究竟有何不一樣？

情緒可以透過人的五大「感」官：眼、耳、鼻、舌、身，去覺察和承「受」，因而產生不同的情緒感受。你一定有過怕痛的恐懼情緒出現，而不敢看傷口、選擇避免感受疼痛以降低恐懼的經驗。這樣採取逃避去感受真切情緒的方式，可能會過度放大痛覺感受，也可能過度增強恐懼情緒，而陷入情緒創傷中。其實，當你願意選擇容許感受、呵護情緒時，就有可能坦然面對生命無常的衝擊，而漸漸不慌不亂地安住自己。

如書中提及：「情緒是種能量，只要讓它像浪潮撲來一般流過、經過、感受過，就得以繼續在人生這大海中安然航行。」因此，書名《療癒，從感受情緒開始》，就是要告訴我們：回看並重新感受情緒，都可能是轉化生命歷練、療癒情緒的心靈解方。

本書還特別指出某些特殊情緒，一旦被一層一層撥開，就可能碰觸到情緒底下躲藏的羞愧或其他感受。例如，人遭遇挫折失敗時很容易感到孤獨，因為自己不願示弱面對挫折，因此隔離了受傷情緒，也隔離了與人的連結。但沒有人可以在孤單中復原！當你願意脆弱，才能與人連結、終結孤獨。

當你選擇去接觸、去感受自己內心澎湃的情緒，或許能讓宣洩情緒代替壓抑感受，而獲得耐受情緒波動的韌性與安住內心的力量。

當你願意去感受自己內心多變複雜的情緒流轉，或許你就能在體驗人的喜怒哀樂愛惡懼等七種基本情緒中，發掘出人生酸甜苦辣的箇中滋味。

【推薦文】

學會感受，覺察與療癒自己

諮商心理師／愛心理創辦人　吳姵瑩

還記得我日前在臉書上分享一小段話，獲得很多迴響。我這麼說：「療癒與成長的過程，就是從痛苦的忍受，到逐漸能承受，到坦然地接受。人生啊，就是一個你決定怎麼『受』的過程。」

我沒接著說的是，這個「受」的切入點，其實就是感受，而感受的存在，就是我們生而為人所具備的基本條件。因為有了感受，而讓我們擁有人性，也讓我們擁有去愛與感受被愛的能力。然而，許多人在面對痛苦的人生情境，因為太強烈的情緒，切斷與感受的連結，也導致身心失衡與各種疾病的發生，一開始不想感受到痛苦，最終卻連快樂也感受不了，生命因此陷入另一層次麻木的痛苦裡。

很高興留佩萱老師寫了這本書，一直很欣賞她饒富知性與感性的文字功力，以及許多貼近人心的案例故事，相信你可以在情緒的說理中獲得智性的理解，以及在佩萱老師的文字中被同理與撫慰，更在一個個實作練習中，讓你在生活中也能實踐自我安頓的能力。

覺察與療癒自己，是沒有人可以為你做的人生功課。讓這本書陪你一同前行。

【推薦文】

情緒是治療的關鍵

資深心理師／《跟家庭的傷說再見》作者　周志建

「情緒過不去，理性出不來。」這是我在課堂上經常講的話。雖然我做的是敘事治療，但我很清楚，情緒是治療的關鍵。

情緒具有巨大能量，當情緒卡住了，人就一直被卡住。每一個創傷經驗裡，都有一個「沒有走完的情緒」，這個情緒會「埋伏」在身體裡，繼續發酵，伺機而動，待日後有類似經驗出現時，「地雷」就會爆炸，「火山」就會爆發。沒走完（處理完）的情緒就像「未爆彈」一樣，會一直潛伏在你的身體裡，「卡住」身體能量，帶來身心疾病的折磨（像是憂鬱症、躁鬱症、強迫症、暴食症、腰酸背痛、胃病、癌症等等）。

覺察情緒，才能抒解情緒，才能把「當年沒走完的情緒走完」。佩萱這本書是幫助我們覺知情緒的好書，誠懇推薦給想療癒自我的您。

【推薦文】

面對自己，從認識情緒開始

諮商心理師／作家　陳志恆

談到「創傷」兩個字，人們總會覺得既沈重，又辛苦。但我們不知道的是，創傷是如此常見，就可能發生在你我每個人的身上。伴隨著創傷而來的情緒風暴，正隱微或劇烈地衝擊著我們的生活日常。

每個人都期待擁有更美好的明天，卻總是受困在起伏不定的情緒與傷痛之中，想逃離卻被困得更深。這種越耗力越無力的情緒應對模式，常是現代人的痛苦來源。原因無他，我們對情緒與創傷一直缺乏正確的認識，於是，我們無法做情緒的主人，只能任憑情緒擺布。

留佩萱諮商師的作品，正用淺顯易懂的字句，帶領我們了解情緒的意義與功能，並且學會如何透過深度體察情緒以獲得療癒。當你翻開這本書，就代表你準備好要面對自己——包括現在的自己與過去的自己，也為自己預約一個充滿希望的未來。

【推薦文】

情緒是生命最美的禮物

繪星心理治療所所長／臨床心理師　謝玉蓮

您學英文多久了？還記得第一次與外國人對話的模樣嗎？努力地從大腦中搜尋著有限的單字，慢慢組合成句子，盡全力以身體語言表達，事後那鬆了一口氣的成就感，你還記得嗎？

我們如此努力地描述，也一再重複與耐心說明，不就是想要讓對方多些理解，不就是想讓自己可以盡情表達、溝通。我們是多麼盼望！

但，對自己的認識呢？對自己的樣貌，又有多少的詞彙與句子來描述？你可以理解自己在生氣行為下，隱藏的可能是對自己的失望嗎？可以理解自己是因為擔心被處罰，所以才不自覺啟動防衛機制而說謊嗎？可以接納自己的負向情緒，感受到焦慮、害怕、憂鬱是源於對生活無法掌控嗎？可以在他人疑惑時還努力嘗試說明清楚嗎？

情緒，是生命最美的禮物，是賦予每個人生活意義與價值感最重要的養分，況且，成長歷程中，難免有衝突，可能有創傷，生命議題如此難解。

當收到佩萱的新書時，正是我面臨生命中最重大失落的時刻，我跟隨本書的書寫脈絡，接下人生無常的衝擊，感受內在對生命那股無力、失望的拉扯，一步步安放自己的失落，一步步與自我對話，而這段療癒的歷程，仍在持續中……

誠摯地推薦您，跟隨佩萱溫暖且細膩的文字，從接納、覺察情緒，好好地梳理情緒。也在生活中給予自我照顧的時光，簡單的正念練習、放鬆訓練、轉念練習，陪伴自己走過每一個情緒風暴。

【推薦文】

原來真正的勇敢，是允許自己脆弱

臨床心理師　蘇益賢

曾經，我們都是孩子。漫長的成長路上，難免有著當時我們無法選擇與避開的傷痛。傷痛裡，是恐懼、害怕、憤怒……這些情緒沒有因為長大而消失。為了壓抑、掩蓋這些情緒，我們的心變得疲憊，我們也變得不像自己。

佩萱心理師在《療癒，從感受情緒開始》書中安排了一趟溫柔旅程，逐步引導讀者有意識地覺察與修復那些讓人深感困擾的情緒。她帶領讀者將之蛻變為一種工具，使我們更認識自己，並為自己的人生做出更好的選擇。

本書將近代創傷與療癒的理論做了清楚易懂的說明，搭配出現於理論之間的案例與故事、可具體操作練習的活動，更讓本書兼具了實用性。願本書的出版，能協助更多內心暗處曾經受過傷的大人。讀過本書你將明白，原來真正的勇敢，是允許自己脆弱。

【自序】

少一點去「想」，多一點去「感受」

在寫這本書的過程中，我自己經歷了許多人生上的轉變。事實上，也是因為這些轉變帶來的經歷，讓我開始動筆寫這本書，於是，一邊寫書稿，很自然地我也寫下了許多自己的感受。

寫完書稿的幾個月後，當我再回來改稿時，突然覺得很恐懼——把自己的內心情緒寫出來，有種把自己暴露在眾人面前的感覺。一邊改稿時我也不斷猶豫，有股衝動想把書中所有「關於我」的部分全部刪掉，畢竟，寫別人發生的事比較容易，我一點都不想讓大家知道我心中有哪些情緒。

但是，我想到了我很喜歡的美國社會工作系教授布芮尼．布朗（Brené Brown）在演講紀錄片《召喚勇氣》（The Call to Courage）中提到，她在參與那場最出名的 TED 演講「脆弱的力量」（The Power of Vulnerability）前一天，決定放下以往演講時講解學術概念的方式，而是讓自己在那場演講中「展現脆弱」。於是，她在演講中談到自己以前多麼討厭脆弱，以及她的研究結果讓她需要去見諮商師來處理自我議題等等。布朗教授說，如果要跟大家說「願意讓自己脆弱」是多麼重要的事，那麼，自己就要展現脆弱。

因為布朗教授這段話，我也理解到：如果這本書是我要告訴讀者感受情緒很重要，那麼，我也需要讓自己脆弱、讓自己展現情緒，因為我就和正在讀這本書的你一樣、和我的每一位個案一樣，我們都會經歷各種情緒：心碎、失望、悲傷、憤怒、害怕、喜悅、開心……每一種情緒都沒有對錯、沒有好壞，都是生命的一部分。

這是一本邀請你開始練習感受情緒的書。我猜想大家對於「情緒」這個詞應該一點都不陌生。感謝現在心理資訊的普及，不管是在書店或網路上，我們都可以找到許多書籍或文章幫助大家認識情緒。許多作品對於情緒的理解都停留在「理智」上，像是去分析自己為什麼會有這些情緒，當然這些理解非常重要，不過這本書想要邀請大家少一點去「想」，多一點去「感受」。

許多人在成長過程中並沒有學習到如何感受情緒。我們在原生家庭中學習到「不可以有這些情緒！」，於是我們發展各種防衛機制來推開情緒——麻痺情緒、忙碌、互相比較、謾罵攻擊人、優越感、歧視與偏見或各種成癮行為。當情緒消失了，人與人之間真摯的連結也消失了。

這些防衛機制不僅傷害別人，也傷害了自己。當你不敢去感受情緒，就無法真實活著，你可能會害怕心碎所以不敢去愛，害怕失敗所以不敢去嘗試，害怕未知與焦慮所以不敢做改變。因為害怕感受情緒，許多人把自己關在心牢裡。

而我希望這本書可以是一個小小的開始，幫助你開始練習感受情緒。當然，開始感受後，你會體驗到那些令人痛苦的情緒，但你也能感受到喜悅、感激，以及人與人之間的愛與連結。

我邀請你去感受，因為生命很短暫，願我們在這短暫時刻中，能夠去感受生命的連結與美麗。

療癒，從感受情緒開始

目錄

PART 1 認識情緒，了解情緒

PART 2 覺察情緒，感受情緒

For

Dr. Lois Ehrmann

Dr. JoLynn Carney

Dr. Peggy Lorah

Dr. SeriaShia Chatters

My Family

Thank you for your love, kindness, and care.

【前言】

這是一份邀請，邀請你來感受情緒

開始動筆寫這本書的半年前，我自己經歷了一場失去。

身為一位心理師，我諮商過許多正在經歷失去或創傷的個案——親人去世、離婚、戀情背叛、罹患疾病、發生意外、遭受性侵、家暴、受虐或受侵害而失去童年……等等，這些事件把你的世界擊碎，就像你本來好好地走著，但是一瞬間，腳下的地面突然裂開，你跌落到黑暗的地洞裡，什麼都看不見。

曾經看過一張照片，照片裡是一個表達「哀傷」的人型雕像——藝術家用鐵絲形塑出人的身軀和輪廓，而鐵絲內，從頭到腳裝著滿滿的石頭。看著這張照片，我心想：哀悼，一定很沉重吧。

直到自己經歷失去時，我才感受到哀傷的重量有多麼沉重和壓迫。身為一位心理師，我知道復原沒有捷徑，也沒有要照著一定的步驟，因為每個人哀悼的方式不一樣。我知道我該做的（也就是我在諮商室中幫助每位個案做的事），是讓個案自己去感受那些情緒。因為，如果想要走出痛苦，唯一的方法就是去經歷它。

當我們都忽略好起來的「過程」

然而，這個社會不太允許我們「去經歷」。當一個人的世界突然瓦解、重跌到黑洞中，周遭的人卻是圍繞在洞口邊，對著底下的人不耐煩地大喊：「不要再軟弱了，快點爬起來！」

這個社會傾向歌頌「快速復原」，不管是在電影、電視劇或各種報章雜誌中，當一個人經歷重挫或創傷後，我們都想要快轉到美好的結局，忽略了那段好起來的「過程」。

在我自己經歷失去後不久，有一次看到一場 TED 演講，講者是一位美國社工師。她提到在她剛畢業、開始工作、覺得生活穩定一切都上軌道時，她的世界突然崩塌。她原本健康的母親突然間逝世。過了一年的哀悼，在母親忌日周年那天，她總算有勇氣回到母親去世前她們一起去看球賽的球場。就在當天晚上看完球賽後，身體健康的先生突然間心臟病發身亡。

接下來，這位講者開始談論心理素質強壯的人該怎麼做。當然，這是一場 TED 演講，講者需要在十幾分鐘內把自己想傳達的訊息講完，她提到的方法也很重要。但是，當時的我卻愣在那裡，心裡想著：「兩年內經歷母親和伴侶突然死亡，這是多麼痛苦的事情，你就這樣好起來了？怎麼可能？你怎麼辦到的？」

正因為復原的「過程」常常被忽略，所以讓大家誤以為復原可以很快速、很優雅地走到美好的結局，而這樣對復原過程的不理解，常常會造成許多不諒解與指責。在諮商室中，我常常聽到個案抱怨：「為什麼我現在感覺更痛苦？」「為什麼已經過了這麼久，我還沒好起來？」「為什麼我現在還會生氣？」

不僅個案對自己失望和生氣，身邊的人也常常會評論：「你怎麼還在難過？趕快好起來啊。」「都已經開始做心理諮商了，應該好多了吧？」

復原，就像要你重新走回戰場

可惜，復原沒有那麼容易。不管你經歷過哪些傷痛，這些痛苦的事件就像戰爭一樣，摧毀了你的內心世界。

在美國，退役軍人的自殺率逐年上升，這讓社會大眾非常納悶與不解：這些從伊拉克、阿富汗戰爭回來的軍人，好不容易在戰場中存活下來，回到安全溫暖的家，為什麼卻活不下去？

這也是我們對創傷的誤解，好像事件結束後，人就應該沒事了。你的童年生活在充滿暴力的家庭裡，長大後離開原生家庭就沒事了嗎？小時候被堂哥性侵長達兩年，後來堂哥搬走，你就完全不被影響了？幼小時期被媽媽情緒虐待，等到念大學離開家去另一個城市生活，就可以遺忘那些傷害？軍人們從戰場賦歸，回到家後就可以過著平凡快樂的生活嗎？

事實上，**當傷痛事件結束後，才是復原的開始**。

心理復原的過程一點都不容易，也不平順，往往充滿坎坷與顛簸，走起來一點都不優雅，更可能一路跌跌撞撞。不論你曾經歷過哪些傷痛，想要復原，就像是讓你再度走回那個殘碎不堪的戰區——那個你好不容易逃離的戰場，然後重新掀開那些埋藏許久的痛苦和情緒。

我常常向我的個案解釋，心理治療就像是做復健，在身體進行復健的過程會產生許多疼痛，心理諮商也是這樣。我們會慢慢撕開封黏著過去傷口的膠布，帶你重新看見那些創傷和痛苦，以及伴隨而來的各種情緒。所以，開始做諮商後，你可能會感到更痛苦，但是你需要去經歷這些，才能復原。

要走出傷痛，就需要去感受

當哀傷的重量壓得我喘不過氣時，我坐在諮商室中問我的諮商師：「我該怎麼做？」我期待著她可能有一些神奇療法。她對我說：「你現在正在讓自己哀悼，讓自己感受情緒，你正在做你該做的事。要走出來的唯一方法，就是去感受。」

許多人都願意去檢視自己過去的傷痛，但這份檢視常常停留在「理智」上。理智上，我們努力分析以前發生了什麼事情、為什麼會發生、對我們造成哪些影響，但是，我們卻長期把這些情緒埋藏壓抑。**如果你想走出來，唯一的方法就是去感受這些埋藏已久的情緒**。

這本書是一份邀請，邀請你來感受情緒。少一點思考或分析，多一點感受。唯有去感受，才能一步步解開這些牢牢綁在自己身上的沉重枷鎖。我常常跟個案說，那些發生在你身上的創傷都不是你的錯，但是復原這條路，是自己的責任，沒有人可以替你走。

所以，我在這裡邀請你，來試著感受情緒。感受情緒當然不容易，需要不斷練習。很希望這本書可以陪伴著你，踏上復原這條路。

PART 1

認識情緒，了解情緒

01

情緒是指引，
告訴我們下一步要往哪裡走

每天感受到的情緒，都在告訴你生命過得如何、需要做哪些改變。

當我們失去傾聽情緒的能力，

就會像那條遺失在大海中的獨木舟，

不知道該往哪裡走、該如何前進。

如果讓你選擇，你會希望每天只感到開心就好，還是想經歷各種情緒——開心、難過、生氣、焦慮？我猜想很多人應該會想選擇只感受開心，那些令人難受的情緒都被歸為「負面情緒」，我們都想把負面情緒推開。

在諮商室中，我看到許多個案對情緒充滿恐懼，深怕自己被情緒海嘯淹沒。這樣聽起來好像情緒很可怕，如果「沒有情緒」，是不是就可以讓生活輕鬆許多？但是，也有幾位正在服用精神科藥物的個案告訴我，他們每天感受不到任何情緒。他們的世界裡沒有了焦慮或憂鬱，卻也沒有了喜悅、興奮或期待。生命中沒有了情緒，他們覺得自己像個空殼，提不起勁來做事，感受不到活著是什麼感覺。

高漲的情緒讓人覺得壓迫，但是當情緒都消失了，整個人彷彿只剩下軀殼。我們討厭情緒，卻又很需要情緒。到底，情緒是什麼？

情緒，就是情緒，沒有好或壞

我在美國念完碩士後，在當地社區一間機構做兒童諮商，我的個案年齡分布從五歲到高中生都有。我觀察到，不管他們在哪個年紀，似乎都已經對於情緒有一套既定看法，像是：「會生氣的孩子是壞孩子。」「哭很丟臉，不要哭！」「膽小的人才會害怕。」我記得有一位八歲的小女孩在聽完我說「生氣是很正常的情緒啊，每個人都會生氣，我也會生氣」後，瞪著大大的眼睛驚呼著問：「你也會生氣？」

這些孩子的反應讓我覺得有趣，但也不禁讓我思考：整個社會、家庭和學校，我們到底傳遞了多少和情緒有關的錯誤資訊給孩子？這位小女孩才八歲，她的小小腦袋瓜裡已經把情緒分成兩個資料夾，一個標記為「正向情緒」，像是開心與快樂，這些情緒很安全，會讓爸爸媽媽或老師高興；而另一個資料夾則是標註著「負面情緒」，所有讓人不快樂的情緒都被堆棄在這裡，這些都是壞情緒，很危險，不應該存在！

等這位小女孩長到十八歲、二十八歲、三十八歲，她的腦中還是會依照這樣的二分法來區分情緒。這也是很多人對於情緒的認知，然而事實上，情緒，就只是情緒，沒有好壞。情緒是我們面對內在與外在世界發生事情所產生的反應。

我們沒有辦法控制自己會有哪些情緒，因為掌管情緒的是大腦中的邊緣系統，包含杏仁核和海馬迴，這個部分的腦被稱為「情緒腦」；而負責思考做決策的，是我們的大腦皮質區，又稱為「理性腦」。也就是說，你的理性腦無法控制會有哪些情緒冒出來，但是你能夠掌控的，是在情緒來臨後，你要如何回應。

情緒需要被身體感受。如果你仔細去覺察情緒來臨時身體有哪些感覺，你可能會發現：當你感到害怕恐懼時，心跳很快、肌肉很緊繃；而當你悲傷時，可能會覺得胸口很沉重，眼睛周遭溫熱且很想哭；當你憤怒時，可能會覺得臉頰發燙，胸膛中彷彿有一股能量要爆裂開來；而當你覺得愉快時，心中好像有一股暖流緩緩流過。這就是情緒，它是能量，是身體感受。

而這位八歲的小女孩，如果她的人生繼續用「正面」和「負面」兩個資料夾來區分情緒好壞，那麼，她可能就會失去生命中最重要的指引。

情緒是指引，告訴我們生命過得如何

如果每一位嬰兒在出生時可以拿到一份「生命手冊」，那我會想要在手冊上寫著：

歡迎你來到這個地球上。在你的生命中，你會經歷各種情緒，請好好傾聽這些情緒，因為它會告訴你，下一步該往哪裡走。

情緒是生命的一部分，每一種情緒都沒有好或不好。不管是開心、興奮，或者是受挫、失望、憤怒、心碎、焦慮，每一種情緒都是「活著」的一部分。美國心理學家蘇珊．大衛（Susan David）曾經說過，不用感受痛苦情緒是「死掉的人才有的目標」，因為只有死掉的人才永遠不會受挫、不會失敗、不會痛苦、不會心碎。

每天感受到的情緒，都在告訴你生命過得如何、需要做哪些改變。當你每天上班都感受到很煩悶，如果你願意去正視這種煩悶的感覺，或許會發現是你對於現在的工作沒有熱忱，進而去思考要不要回學校念書，或是換個工作。如果你每天回到家中和伴侶相處時感到孤獨，唯有去聆聽情緒，你才能開始思考：是不是婚姻出了問題？該做哪些事情改善？或者是否應該離開這段關係？

情緒讓我們去傾聽生命中想要與不想要的東西；它是「資料」，提供我們訊息，讓我們注意到生命中重要的事，以及需要被改變的事。如果你感到氣憤，你可能是被別人侵犯了，憤怒也幫助你捍衛自己及保衛他人；如果感到內疚，表示你可能傷害了其他人；感到恐懼，是在告訴你「有危險，要注意！」；感到悲傷，是透露著你可能失去了生命中重要的東西；感到興奮，是在告訴你「繼續做這些讓你滿足的事」；厭惡感會幫助你逃開可能傷害你的事物；如果你覺得無聊，傳遞出的訊息可能是你沒有得到所需要的刺激和挑戰。

看見你的內在世界氣候

電影《海洋奇緣》(Moana) 中的女主角莫娜為了拯救家園，獨自乘著獨木舟出航。當莫娜找到毛伊 (波里尼西亞神話中的半神) 之後，莫娜對著毛伊說：「請教我如何航船。」毛伊回應她：「這不僅僅是揚起風帆而已，這是尋找方向 (it's called wayfinding)。」

如果要跨越海洋，就必須度過海上各種惡劣的天氣與浪潮。電影中的莫娜必須學會如何揚帆、熟悉風向、如何利用測量星斗來判斷自己往哪個方位前進。**如果生命是一艘在大海中的獨木舟，而情緒就是你內在世界的氣候**。你無法掌控接下來的天氣是晴空萬里、颳風，或者是狂風暴雨；如果你想讓這艘帆船繼續航行，就必須學會如何航船、如何觀測風向和使用指南針，並且在變化多端的天氣中做調整，繼續前進。

學習如何與情緒相處，就像學習航船一樣。你無法掌控天氣，但是可以在遇到各種天氣時，掌控自己要怎麼反應。同樣的，你無法控制哪些情緒會冒出來，但是在情緒來臨時，你能夠決定該如何回應。

情緒是指引，指引著你的人生該往哪個方向前進。當我們失去了傾聽情緒的能力，就像是不知道應該如何航船，也沒有指南針或星象能夠引導方向，很有可能成為那艘遺失在大海中的獨木舟，不知道該往哪裡走，又該如何前進。

02

童年經驗，塑造我們如何面對情緒

童年的經驗形塑出大腦中的地圖，
變成了我們成年以後「自動駕駛」的行走途徑。
如果要前進，必須好好檢視那份童年情緒地圖。
理解後，才能開始重新走自己想走的路。

在美國念博士班的同時，我在大學諮商中心及社區諮商機構提供心理諮商，這讓我有機會接觸到兒童、青少年、大學生及正在經歷人生不同階段的成年人。我發現，不管是哪個年齡的個案，很多人都懼怕情緒，除了害怕在諮商會談中表現出情緒之外，他們還會想照顧我這位諮商師——深怕說錯話會讓我生氣或難過。

晴晴就是這樣一位很會照顧人的女孩。大學年紀的她，不僅課業優異，長相甜美，熱衷參與校內各種活動，還經營自己的網站分享她對社會各種議題的看法。看到她這樣多采多姿的生活，很可能會用「完美」兩字來形容她。在諮商中，我也看到了晴晴「完美」的一面——她非常害怕顯露情緒，尤其是那些負面情緒。

身為一位諮商師，我都會告訴個案，在諮商室這個空間裡，每一種情緒都是受歡迎的，而且我能夠承接他們傾倒出來的情緒。我告訴晴晴：「在這裡，你不需要照顧我的情緒，並且，如果我說了些什麼或是我的某些肢體語言讓你覺得不舒服、覺得我在評價你，我也希望你能夠跟我說。你覺得如何？」晴晴笑著看著我：「嗯，這有點難……我現在好緊張。」

每一次情緒的出現，都是幫助個案認識情緒的好機會。我試著讓晴晴去貼近情緒：「花一點時間去感受一下你的內在。你的身體哪個部位感覺到緊張？緊張是什麼感覺？」

晴晴用手摸了一下喉嚨，緩緩地說：「在喉嚨這裡，好像有一塊東西噎住了。」

「你願意和緊張的情緒待在一起一下下嗎？」我問。

晴晴點點頭。我請她閉上眼睛，手觸碰著喉嚨，慢慢吸氣、吐氣。「你覺得，緊張的情緒在告訴你什麼？」我緩緩問她。

做了幾次深呼吸後，晴晴說：「我怕……如果說了讓你不開心的話，你可能會討厭我，就不想再諮商我了。」

晴晴害怕在諮商室中流露出負面情緒會讓我生氣，而在生活當中，也是如此。

那些不被接納的情緒，只好被埋藏起來

對晴晴來說，任何負面情緒都是危險的。

我曾經請晴晴做過一個小活動。我在紙上畫一個圈，告訴她：「我接下來會唸出各種情緒。如果成長過程中，你出現這個情緒時有被接納，就把情緒寫在圓圈裡面；如果不被接納，就寫在圓圈外面；如果不一致（有時候被接納，有時候沒有），就寫在圓圈的線上。」接著我唸出一些情緒詞，像是：開心、悲傷、生氣、害怕、受挫、羞愧、焦慮、內疚、失望、忌妒、榮耀……等等。

唸完後，晴晴給我看她的圓圈，圈裡只有「開心」，其他都在圓圈外。

回顧成長過程，晴晴有一位非常以自我為中心的母親——母親是家中的主角，一切都以滿足母親的需求為主，晴晴的需求一點都不重要。從她有記憶以來，只要她表現出負面情緒，就一定會被母親責罵。如果她生氣，媽媽會罵她：「不可以生氣，怎麼可以對我生氣？」難過哭泣時會被數落：「不

要哭，這有什麼好哭的！」

於是，那些不被接納的情緒，都被晴晴埋藏起來。一直以來，她只願意向父母說開心的事、讓父母引以為傲的事，像是成績單上滿滿的A，或是參與各種活動的成就，而其他脆弱的那一面她都隱藏得好好的，因為說出來不但不會被接納，還可能被批評指責。

我們從童年經驗中學習情緒

為什麼我們會害怕某些情緒？這其實和我們的成長經驗有關。

每個人剛出生時，其實都能夠感受各種情緒。如果你有機會去觀察嬰兒，會發現雖然嬰兒還不會講話，但是他們其實都在用情緒表達和溝通——開心時微笑或手足舞蹈；不舒服時發出咿咿啊啊的聲音或哇哇大哭。小嬰兒能夠感受到情緒，但還不知道這些情緒是什麼，該如何面對或調節，所以小嬰兒需要倚賴父母的指引和協助來認識各種情緒。

孩子藉由和身邊主要照顧者的互動來學習如何面對情緒。當一個孩子感到開心而父母也以開心笑容回應孩子，孩子感受到的是內在與外界回應的一致性——我感到開心，父母也回應我的開心，所以，開心這個感受是正常的，是能夠被表現出來的。同樣的，當孩子難過地哭了，父母也給予同等感受的回應，像是告訴孩子「發生這樣的事情，你一定很難過吧」，並輕柔撫慰孩子，孩子也就學習到：這樣難過的情緒是正常的，也能從父母身上學會如何調節情緒。

理想的狀況是，如果父母能夠接納孩子的每一種情緒，並幫助孩子學習調節情緒，那麼孩子就能和每一種情緒相處。因為他會知道**情緒並不可怕，情緒就是情緒，是生命中很正常的一部分**。

可惜的是，大部分的父母親就像晴晴的媽媽一樣，不接納某些情緒。

想像一下年幼的晴晴，當她生氣時，媽媽憤怒地責罵她：「不可以生氣！」當她悲傷難過時，媽媽指責她：「這有什麼好難過的！」當她害怕時，媽媽嘲笑她：「怎麼這麼膽小？」對於小女孩晴晴來說，她感受到的是內在感受與外界回應的不一致——我感到悲傷，媽媽卻說不應該難過，所以一定是我有問題。另外，孩子需要依賴父母，所以孩子非常能夠覺察到表現出哪些情緒會讓父母不舒服，就如同小女孩晴晴學習到：「這些負面情緒很危險，表現出來會讓媽媽生氣，所以我不可以有這些情緒！」

接下來有個小活動邀請你來試做看看。請你回顧一下：成長過程中有哪些情緒被接納？哪些情緒常常被否定？

與情緒同在

請在下頁的圓圈中，填入圓圈內標示的情緒。在你的成長過程中，如果某個情緒有被接納，就填在圓圈內；如果沒有被接納，就填在圓圈下方空白處；如果不一致，就填在圓圈的圈線上。

可參考填入的情緒有：開心、悲傷、生氣、害怕、受挫、羞愧、興奮、焦慮、內疚、噁心、失望、忌妒、榮耀……

被接納的情緒

不被接納的情緒

填完前述情緒後，請再想一想：

一、當你出現寫在圈內的情緒時，你通常會有哪些反應？

二、當你出現寫在圈外的情緒時，你通常會有哪些反應？

三、當你身邊親密的人（如伴侶、家人）出現了圈內的情緒時，你通常怎麼反應？

四、當你身邊親密的人（如伴侶、家人）出現了圈外的情緒時，你通常怎麼反應？

重新攤開自己的童年情緒地圖

如果你發現你跟晴晴一樣，對於那些不被接納的情緒覺得很恐懼、很陌生或常常告訴自己「不可以有這些情緒」，都是很正常的。畢竟，是童年經驗告訴你：這些情緒很危險，你要趕快把這些情緒隱藏起來。

當然，世界上沒有完美的父母，每一位父母親總是會有對孩子造成傷害的時候；每個人都會犯錯，父母也一樣。但如果傷害發生後，父母能夠做修復，例如向孩子道歉，那麼就能夠修補裂痕。如果晴晴成長的過程中，媽媽能夠在失控之後向晴晴道歉，並且示範用健康的方式表達憤怒，那麼長大之後的晴晴，或許就不會那麼害怕擁有負面情緒。可惜，在晴晴的成長過程中，這些修補從來沒發生過。

在森林裡，如果一條路不斷重複被踩踏，這條路的痕跡就會越來越鮮明，而當路徑變鮮明了，就會有越來越多人去走這條路。童年的經驗形塑出你大腦中的地圖，那些深厚建立起來的神經迴路，變成了我們成年以後「自動駕駛」的行走途徑。晴晴的童年經驗形成的這張地圖告訴她：「這些負面情緒很危險，不可以有！」因此長大後，她還是照著那份地圖行走。

過往的經驗形塑出我們現在的樣子，這就是為什麼在心理治療中，我們常常需要談到過去。**因為如果要前進，我們就必須回到過去，把那份童年情緒地圖攤開來好好檢視**。檢視過去並不是為了責備父母，或是把錯都怪在童年上，而是要讓自己理解，這份情緒地圖是如何形成的。**理解後，我們才能開始重畫地圖，走自己想走的路，而不是盲目地依循那份舊地圖**。

看見原生家庭的情緒氣候

每個人面對情緒的方式，有很大一部分來自於原生家庭的成員是如何處理情緒。

如果你願意，請思考以下問題。這些問題沒有標準答案，也不用一次就想完，可以試著把你的回答寫下來。問題中寫的「家人」不一定是指你的親生父母，而是成長過程中陪伴你最多的人，有可能是祖父母，或是其他親戚等等。

請回想一下，在你的原生家庭中，你的家人之間如何面對及表達情緒？

- 你的父母（或主要照顧者）會公開表達情緒嗎？還是都會將情緒隱藏起來？
- 你是否覺得在這個家中有某些情緒被允許，某些情緒不被允許？
- 在這個家，公開表達快樂的情緒是被允許的嗎？
- 在這個家，公開表達憤怒或悲傷是被允許的嗎？
- 你的家人在出現情緒時，都是如何做回應？
- 你的家人會公開表達對彼此的愛嗎？
- 經歷失去時（例如有人過世），你的家人如何哀悼？會顯露悲傷嗎？會談論失落嗎？

再來，請回想一下成長過程中，當你表現出情緒時，家人會如何回應？

・你的家人有同理你嗎？有幫助你處理情緒嗎？
・你的家人是否生氣或是指責你？
・你的家人是否變得沉默、離開或是用其他方式不回應你？
・你的家人是否羞辱你，讓你覺得很丟臉、很羞愧？
・你的家人是否會去否定你的情緒，讓你感到「不應該這樣感覺」？
・你家人回應你的方式是可以預測的嗎？（是一致，還是常常不一致？）
・回想你的成長過程，你覺得感受情緒是一件安全的事嗎？

美國心理治療師羅納德・弗雷德里克（Ronald Frederick）博士使用「情緒氣候」（Emotional Climate）這個詞，來描述一個人的成長過程中的家庭情緒環境。他把情緒氣候分成四種類型：

一、**陽光和煦型**：在這樣的家庭裡，所有情緒都是被接納的，每個人都可以安心表達自己的情緒。在這個家中，表現情緒是一件安全的事，家人之間會鼓勵表達和探索情緒。

二、**寒風刺骨型**：在這樣的家庭裡，每個人好像都「沒有」情緒——情緒不被表達出來，也不允許被談論。沒有人教你如何探索情緒或面對情緒，一切都是冷冰冰的。

三、**暴風雨型**：在這樣的家庭中，情緒的出現就像暴風雨一樣，帶來批評、指責、羞愧、懲罰、憤怒。在這個家庭表達情緒很不安全，因為出現情緒就會招來暴風雨。

四、**混合型**：在這樣的家庭裡，混雜著前面提到的三種類型，有時陽光和煦，有時寒風刺骨，有時充滿暴風雨，甚至，你無法預測天氣，常常不知道今天天氣如何。

晴晴的家就是屬於「暴風雨型」，任何負面情緒都可能招來風暴，於是，她戴上完美面具，只顯露出正向情緒；當出現負面情緒時，她就責備自己「不應該有這些情緒」、「這沒什麼好生氣難過的」。為了要在這樣的家庭中生存，晴晴學會了保護自己的方式。

在知道這四種情緒氣候類型後，也請你想一下：你的原生家庭是哪一種情緒氣候？如果你現在已經成家，有自己的家庭，你現在的家庭（與你的配偶和小孩）又是屬於哪一種情緒氣候？

03

為了避開感受，我們發展出防衛機制

築起高牆可以擋住風雨，
卻也擋住陽光和空氣，擋住了人與人的交流；
麻痺情緒能幫你擋住痛苦，
卻也阻擋你去感受這個世界上的感動與美麗。

在這一篇一開始，我想先說一個小故事。

想像一下，你辛苦工作了大半輩子，終於存到了一筆很可觀的財產，你決定脫離人群，過你想過的退休生活。於是，你選了一座小島，在島上蓋了一棟美麗的房子，你自己設計和裝潢，這是你夢想中的房子樣貌。房子前院種滿了花草樹木，後院則是一片大草原和山丘，你每天開窗就可以聞到新鮮的空氣，聽到蟲鳴鳥叫。你每天花許多時間照顧植物，或是坐在躺椅上閱讀，你非常滿意這樣的生活。

但是，搬進新家不久，颱風來了，是一個強颱。為了保護心愛的房子，你花了一整天的時間做防颱準備。你在每一面窗戶都貼上膠布，也搬來許多防水沙袋堆疊，把前院一盆又一盆植物搬進家中。颱風離開後，你又花了一整天的時間清理善後，撕下膠帶，把沙袋搬走，清理被吹得殘亂不堪的周遭。一整天結束後，你準備繼續享受隔日的陽光和清閒。

沒想到過幾天，另一個強颱又來了，於是你又花了一整天重新做防颱準備；颱風離開後，再花一整天的時間清理；更不幸的是，一個禮拜後又有一個颱風要來。你這時候才得知，原來這個神祕小島一年四季都有颱風，每個禮拜就來一次。你實在太喜歡這個家，不願意搬走，但每次颱風一來就要花時間準備與清理，實在太耗費時間和力氣。於是你決定，要用最堅固的鋼筋在房子外築起高牆和屋頂，把你家和外界完全隔絕開來。

蓋完高牆與屋頂後，你覺得鬆了一口氣，因為不需要再去擔心窗外的暴風雨，也不需要再做防颱準備或清理環境了。你又可以花時間做喜歡的事，享受悠閒。

的確，有了高牆後，風雨進不來，但是陽光與新鮮的空氣也進不來，其他人也進不來了。漸漸地，你一個人待在空蕩蕩的屋裡，無法與人互動，你覺得越來越孤單。

當過去的保護策略，變成現在痛苦的來源

許多人的成長過程，就像經歷一場又一場強颱。

不管你曾經歷哪些痛苦的事件——肢體暴力、情緒虐待、目睹家暴、性

侵害、父母長期爭吵、父母疏忽、家中成人有藥物酒精成癮問題、父母有精神疾病無法承擔責任、住在充滿危險的地方，或是在學校遭受同學或老師的霸凌……等等，這些事件對一個人的影響，就像暴風雨一般，對孩子來說尤其劇烈。

如果這樣的暴風雨只發生一次，那麼在風雨結束後，你能夠花時間和力氣去清理和復原這些因為暴風雨造成的殘壞。但是，如果暴風雨經常發生（比方說每天發生），那麼你的身體和大腦就必須採取防護策略，以耗損最少能量的方式去幫助你面對，就像前述故事中蓋起厚重的鋼筋高牆來阻擋風雨那樣。不斷重複做防颱準備和清理善後，實在太花力氣了，你的身體承受不起，所以你需要一個最省力的方式來保護自己，那就是築起高牆。

如果你在成長過程中，重複經歷傷害與虐待，那麼你的大腦和身體為了保護你，不讓你一直感受到強烈的情緒暴風雨，你會築起圍牆，開始麻痺，感受不到任何情緒。

「麻痺情緒」是一個人很重要的保護策略，是為了生存所發展出來的機制。尤其對孩子而言，當他還需要倚賴父母、又無法反抗父母時，利用「麻痺情緒」就可以不用感受到痛苦，這是能夠繼續在受創環境中求生存的最好方法。

身為一位諮商師，我一直很尊敬每一位個案所發展出來的保護策略，不論是麻痺情緒、解離、暴飲暴食，還是內化的許多負面信念。我也會向個案解釋，這些行為不代表「你有問題」，反倒是這些策略幫助你存活，顯示出你的韌性與復原力。

但是，當我們長大離開了創傷來源，我們的身體和大腦還是牢牢緊抱這些保護策略，繼續用這些防護機制過生活。以前幫助你生存的保護策略，現在卻成為自己或他人痛苦的來源。築起高牆屋頂可以擋住風雨，卻也擋住陽光和空氣，擋住了人與人的交流；同樣的，麻痺情緒幫你擋住痛苦，卻也阻擋你去感受這個世界上的感動與美麗，以及擋住我們每個人都需要的——人與人間最真摯的連結。

當然，完全麻痺情緒是比較極端的保護策略。平常在面對痛苦時，我們也會建立許多「防衛機制」，讓你不用去感受情緒。其中一個很常見的防衛機制，就是忙碌。

忙碌，讓你不用去感受

第一次在諮商室中見到菁菁，是她大學二年級的那個秋天。

一年前，身為大學新鮮人的菁菁很努力參與各種活動。就在十月初某個夜晚，她和幾位剛認識的姐妹會成員一起去參加派對。隔天起床後，她卻躺在一間陌生房間裡的床上，全身一絲不掛。她毫無記憶，無法理解發生了什麼事情。她匆匆穿好衣服離開，回到自己的宿舍。她不斷告訴自己：「這沒什麼大不了的，不要大驚小怪。」當天下午，她還依照原定計畫和朋友出外郊遊，沒有告訴任何人發生了什麼事。

這一年來，菁菁努力地告訴自己「不要去想」，而讓自己不用去想的方式，就是忙碌。

菁菁非常非常忙碌，她加入兩個姐妹會、好幾個學生組織，籌辦非常多活動，除了上課和參與活動外的時間，她都在為朋友張羅事情、處理糾紛、參加派對、傾聽別人的心事。我光是聽到她排滿滿的行程就覺得無法呼吸，菁菁則是大笑地說：「對啊，我完全沒有自己的時間！」

我可以理解為什麼菁菁需要這麼忙，因為忙碌是個很有用的防衛機制。一個人需要先慢下來、停下來，才能夠進入自己的內在世界，而當我們每天時間都被各種外界刺激和活動填滿，我們就不需要進入自己的內心世界——不需要去傾聽和感受情緒。

菁菁讓自己忙碌，因為她不敢「停下來」，只要一停下來，那些性侵創傷的痛苦就會浮現出來。

忙碌是一種成癮，而且還是一個現在很普遍的成癮行為。美國社工系教授布芮尼．布朗在她的書中寫著：「如果今天要舉辦給忙碌成癮者的互助團體，場地大概需要借用美式足球場，因為，人實在是太多了。」不幸的是，這樣的忙碌成癮卻被這個社會讚賞，甚至被認為是成功的一部分。

任何成癮行為，都是為了減輕痛苦

菁菁利用忙碌來壓抑情緒，還有很多人則是使用其他成癮行為——吸毒、酒精、工作狂、消費購物、使用網路成癮、社群網站成癮、電玩成癮、暴飲暴食、對色情片成癮、對性愛成癮，或是對財富、地位、權力上癮等等。長期治療吸毒患者的加拿大醫師蓋伯・麥特（Gabor Maté）解釋：「如果要了解成癮，你不能只看到成癮行為所帶來的傷害，而是要去思考成癮帶來什麼好處？」

麥特醫師有許多病人長期吸食古柯鹼、海洛因、嗎啡等等，這些毒癮讓人失去健康、工作、家人，甚至失去生命，但都無法阻止他們繼續吸毒。有位病人甚至對他說：「我不害怕死亡，我害怕活著。」

麥特醫師觀察到，這些病人在童年時都受到嚴重的虐待，像是性侵、肢體暴力、被遺棄……這些人的童年就像經歷一場又一場情緒暴風雨。這些痛苦太劇烈，唯有吸食毒品才能讓他們減輕苦痛，得到暫時的舒緩。不管是哪一種成癮行為，都是一個人為了減輕痛楚、不用去感受情緒，並且能填補內在空洞與匱乏的方法。

不論是菁菁或其他需要使用成癮行為的個案，他們都很害怕面對痛苦的情緒。因為害怕情緒，所以需要使用各種成癮行為或防衛機制阻擋情緒冒出來。而在諮商室中，我所要做的就是幫助他們開始覺察情緒、觸碰情緒。**只有當他們能夠去感受、理解情緒，不這麼懼怕，才能慢慢地放下防衛機制**。

覺察自己的防衛機制

當然，防衛機制沒有不好，畢竟生活中有各種責任需要打理，要工作、養家糊口，還需要照顧孩子，你無法時時刻刻感受情緒，偶爾也需要利用防衛機制把情緒隔開。但重要的是，你有沒有意識到自己在使用防衛機制？

如果有意識到自己在使用防衛機制，就能夠等到安全時放下防衛機制，讓情緒出來。但如果沒有意識到自己長期以來一直在使用防衛機制推開情緒，這些被壓抑的情緒並不會離開，而是造成心理和身體健康的問題，像是憂鬱症、焦慮症、心血管疾病、頭痛、腸胃問題、免疫系統問題等等。

理解自己的防衛機制很重要，如果你願意，可以利用這個小活動來認識自己的防衛機制。

認識你的防衛機制

防衛機制是指任何讓你不用接觸真實情緒的方式，它可以是想法、反應或任何行為。下列是一些常見的防衛機制，請花一點時間檢視平常自己使用哪些防衛機制。

□微笑或大笑　□開玩笑　□轉移話題　□嘲諷

□翻白眼　□不斷講話

□沉默、放空、逃避，並告訴自己不可以想這些事

□拖延或迴避（像是因為害怕被拒絕，所以不敢丟履歷）

□批評別人或自我　□認為自己比人優越

□把事情合理化、幫別人或自己找藉口

□告訴自己這沒什麼，不要大驚小怪

□讓自己很忙碌（不斷工作或把行程塞滿）

□採取冷淡、事不關己的態度

□講話含糊（總說「我很好、我沒事」）

□讓自己分心　□否認或忽視　□憤怒、暴力行為

□過度思考、進入分析模式

□投射自己的想法或情緒到他人身上

□成癮行為（比方網路、電玩、食物、購物、蒐集物品、工作、藥物、酒精、金錢、性愛、色情片等方面的上癮行為）

□麻痺情緒　□解離（覺得你和你的身體是分開的）

□飲食失調　□自殘　□自殺的念頭

如果你願意，請再思考一下，上一次使用防衛機制是什麼時候？發生了什麼事情？你使用了哪些防衛機制？

也請你試著想想身邊的人（伴侶、同事、孩子），他們常使用哪些防衛機制？

當然，以上列出的並不是所有防衛機制，之後也會陸續提到不同種類的防衛機制，如果你有想到其他的防衛機制，也歡迎你寫下來：

04

面對創傷——那些發生與沒發生的事

面對受創的個案，尤其那些童年時期不斷重複的創傷，
除了看見創傷事件以及保護機制外，
還有另一個很重要的，
就是那些「沒發生的事情」。

牆上時鐘的秒針噠噠噠地走，我瞄了一眼，現在是下午四點五十八分。我起身走到個案等候室看了一眼。「嗯，人還沒來。」我走回諮商室，打開電子信箱確認沒有新信件，電話也沒有新的留言。我心裡想著：「應該會來吧。」然後繼續翻閱著個案資料夾。

在我工作的社區諮商機構中，有許多正在寄養或領養家庭中的個案。這些孩子很多是從中國、越南、俄羅斯、非洲被領養到美國。以前，我對寄領養議題不太了解，直到開始諮商這些個案後，才理解到這些孩子都攜帶著來自原生家庭極為劇烈的創傷，而薇薇就是其中一位。

薇薇是一位十六歲少女，有著一頭美麗的金髮，每次來諮商室都穿著黑色的褲子與黑色長袖外套。她在六歲時被現在的母親領養，從俄羅斯來到美國。我見到她時，她經歷憂鬱、自殘、想自殺、常翹課、和一群幫派朋友混在一起、課業不及格、有嚴重的菸癮，還會偷偷吸食大麻。在人際關係上，她談過幾場充滿虐待和暴力的戀愛關係，與母親也是常常爭吵，其中一項重大爭執就是要不要做心理治療。

母親希望薇薇接受治療，而薇薇不想來，每個禮拜她們都會上演一場「今天要不要去諮商中心」的激烈大戰。每個禮拜一的傍晚五點，我都不知道薇薇會不會出現在等候室。

我可以理解為什麼薇薇不想做諮商。做心理治療必須面對那些以前發生的傷痛，而薇薇有一整箱的創傷被她密封著，她一點都不想打開。

那些發生的事情

一九九八年，美國醫師文生・費利帝（Vincent Felitti）發表了「童年逆境研究」（Adverse Childhood Experiences Study，簡稱ACE研究），揭開了童年逆境與身心健康的關聯性。ACE研究邀請了一萬七千多位成年人填寫童年逆境問卷。

這一份童年逆境問卷包含十種童年創傷種類，分別是肢體暴力、性侵害、情緒暴力、情緒疏忽、身體疏忽、父母離婚、失去親生父母、父母有心理疾病、家族藥物酒精成癮問題，以及家族中是否有人坐牢。這十種逆境，每經歷一種得一分，得到的總分稱作ACE分數，從最低零分到最高十分。研究發現，ACE分數越高的人，成年後有越高的機率得到各種身體和心理疾病。

理解ACE研究後，諮商個案時，我常在心中計算個案的ACE分數。薇薇從出生到兩歲住在原生家庭，她的父母有嚴重的藥物酒精成癮問題，不論身體或情緒上，都疏於提供嬰幼兒該有的需求。她兩歲後被送到孤兒院，直到六歲被領養。兩歲時的薇薇，ACE分數至少有四分，這些還只是我確定發生過的事。

兩歲到六歲時，薇薇待在俄羅斯的孤兒院。「我們都要藏食物或玩具，不然會被偷走。」薇薇說。因為孤兒院裡的人手不足，孩子無法得到該有的照料，在孤兒院這個小型社會裡，充滿了霸凌與互相欺壓。

這些都是發生在薇薇身上的創傷，不管我諮商過多少受創個案，每次聽到創傷經歷都會讓我心痛，沒有孩子應該經歷這些。

為了生存，每個人發展出生存機制

除了談論那些「發生的事情」，我們還要去看到一個人為了在創傷環境下存活所發展出來的保護機制。

對薇薇來說，幫助她生存的，就是內心用鋼筋建構起的厚牆——她對於情緒完全麻痺，無法去信任或依附其他人，像是領養她的母親。對薇薇來說，領養她的母親就和親生母親一樣，總有一天會拋棄她。既然會被拋棄，那麼更不可以讓自己去依附養母，因為一旦有了感情，就要去承擔被拋棄的痛楚。

與薇薇的諮商過程，總是讓我充滿挫折。當她坐在諮商室的沙發上，我彷彿可以看見那道高牆聳立在我們之間，我完全無法靠近。她總是表現出一副毫不在意的樣子，說著「我不知道」、「我不在乎」、「隨便啦」，或是沉默不語。

麻痺情緒以及對人的不信任，這些都是幫助薇薇在受創環境下生存的保護機制，我們的確要感謝這些保護機制讓她可以度過創傷，不過，這些保護機制也成為薇薇現在痛苦的來源。

十六歲的薇薇，已經脫離了幼年時期的受創環境，但是她的情緒腦和身體卻不知道，還是持續使用這些保護機制。失去了感受情緒及與人連結的能力，薇薇就像個空殼，無法感受活著；而對人的不信任也成為心理治療過程的一項巨大挑戰，對薇薇來說，人都是充滿危險的、都是會拋棄她的，包括我這位諮商師也是。

那些該發生，卻沒發生的事情

在接受越來越多的創傷治療訓練後，我理解到，面對受創的個案（尤其那些童年時期不斷重複的創傷），除了看見創傷事件以及保護機制外，還有另一點很重要，就是那些「沒發生的事情」。

那些本來該發生的事，因為這些創傷事件卻無法發生。

剛出生的嬰兒藉由與主要照顧者的互動來認識自己，以及認識世界。理想上，當小嬰兒薇薇餓了、尿布溼了或身體不舒服，父母聽到薇薇的哭聲會來查看她需要什麼，可能餵她喝奶、換尿布，或把她抱起來、跟她說說話。從這些每天微小的互動累積起來，薇薇就能夠與她的父母建立起安全型依附關係，她會知道有一個安全堡壘可以依靠，她會學習到人是可以信任的、這個世界是安全的，並且在她每次情緒來時，藉由父母親幫助她調節情緒，並學習如何面對與平復情緒。

這是一個健康童年應該發生的事，但不幸的是，她的親生父母因為藥物與酒精成癮問題，無法承擔該有的職責。這些該發生的幼兒健康成長階段，在薇薇身上都沒有發生。

這一段學習情緒的必要過程缺席了。我發現，薇薇非常害怕情緒，她也對我說：「我很害怕，如果情緒來了，我不知道自己會做出什麼事。」因為懼怕情緒，薇薇只能不斷使用防衛機制——憂鬱、麻痺、菸癮、吸食大麻、自殘行為，這些都幫助她不用去感受。若要復原，薇薇必須要開始學習面對和碰觸情緒，去重新建立那些她童年時期沒有機會學到的能力。

可惜的是，之後薇薇再也沒有出現在諮商室了。這也是我身為一位諮商師要處理的內心議題——每當個案不再出現，我的心中總是會有複雜的情緒。一部分的我會開始檢視自己哪裡做不好，而另一部分的我也理解，我們永遠無法強迫一個人做治療，我只能相信，當她準備好的時候，會再踏上復原的路。

看見自己的創傷

以下十個問題來自ACE問卷。如果你願意，可以試著計算自己的ACE分數，每一題若回答「是」得一分，回答「否」得零分。當然，ACE問卷只詢問童年創傷，你可能還經歷其他類型的創傷，也可以在最後面寫下來。

一、發生的事情

在你十八歲之前，是否有這些感覺：

1.你的父或母或其他家裡的大人，時常對你咒罵、羞辱、侮辱、說輕蔑的話或做任何行為讓你覺得可能會有肢體上的傷害。

2.你的父或母或其他家裡的大人，時常推你、抓你、掌摑、朝你丟東西或甚至打你讓你身上有傷痕、瘀血或嚴重受傷。

3.你的父或母或其他家裡的大人，時常以你不喜歡的方式碰觸你的身體，或是要你碰觸他／她的身體，或是要求你做任何與性相關的行為像是口交、肛交或性交。

4.你覺得家庭裡沒有人愛你、認為你是重要或特別的，或是你覺得家裡的人彼此不會照料、不親密也不會互相支持。

5.你沒有足夠的食物吃，需要穿髒衣服，覺得沒有人保護你，或是你的父母因為喝得太醉或濫用藥物毒品疏於照顧你，例如你生病時沒辦法帶你去看醫生。

6. 你是否失去一位親生父親或是親生母親（因為離婚、棄養或其他原因）？

7. 你的父或母是否時常被推、抓、打、踢踹、扔東西或甚至被拿刀子威脅？

8. 你是否曾和有酒癮問題或藥物毒品問題的人一起住過？

9. 和你住在一起的人是否有憂鬱症或其他心理疾病，或是否曾經嘗試自殺？

10. 你的家庭（或和你一起住的人）是否有人曾經入獄？

除了前述這十種童年逆境外，你覺得哪些事情也對你造成創傷：

二、防衛機制

你覺得你發展出哪些防衛機制？

三、那些沒發生的事情

你覺得，因為這些創傷經驗，哪些該發生的事情卻沒有發生？例如學習如何調節情緒、如何表達情緒、如何用健康的方式爭吵……

05

去感受，需要勇氣

如果情緒是浪潮，我們就要學會衝浪，
這樣當情緒浪潮朝你撲擊而來時，
你就能踏上衝浪板，自在隨著浪潮起伏。

不論是在諮商室裡，或在日常生活中，我常常看到「害怕情緒」成為人生中很大的絆腳石。

當一個人對情緒越陌生，就越不敢靠近情緒，越害怕去感受情緒。於是，許多人因為害怕挫敗，所以不敢嘗試；因為害怕心碎，所以不敢去愛；因為害怕未知與焦慮，所以不敢做改變。

因為懼怕情緒，許多人把自己關在用鋼筋厚牆蓋起來的心牢裡，只敢待在原地，一步都不敢踏出。

待在心牢裡或許讓你覺得很安全、很熟悉，但是也失去了和生命的連結——與這個世界的連結、與他人的連結，還有最重要的是，與自我的連結。這些人與人之間真摯的連結來自情緒——**當我們能夠貼近觸碰自己和他人的真實情緒，我們才能看見自己，看見他人。**

曾有個案問我：「去感受情緒有什麼用?讓自己悲傷難過、讓自己生氣，又不能改變任何事情。」的確，感受情緒或許無法改變那些既定的事實，但是，情緒就是情緒，沒有對錯。**情緒是面對發生事件的自然反應，需**

要好好被感受。而當你認為「反正悲傷也沒用，不要去想！」，就是在壓抑、推開那些情緒。

這些被壓抑的情緒並沒有離開，而是一直被儲存在你的內心和身體裡：那些未被承認的悲傷累積成憂鬱、未被好好釋放的憤怒變成憎恨、沒被好好感受的痛苦變成折磨。於是，**你身上背著一箱又一箱沉重的情緒包袱，你變成這些情緒的囚犯。**

累積的情緒，會崩塌下來

情緒累積久了，總有一天會垮下來，英國哈利王子就是一個例子。一九九七年，當黛安娜王妃車禍身亡時，哈利王子只有十二歲。二〇一七年，黛安娜王妃過世二十年的紀念會上，哈利王子坦承，從十二歲之後，近二十年來，他非常努力地不去講、也不去想媽媽的死亡。他形容自己就像是「把頭埋進沙子裡」，拒絕去想關於媽媽過世的一切，因為他覺得：「想了只會讓自己難過，又不會讓媽媽回來，那幹嘛要想呢？」

直到快三十歲，那些累積已久的劇烈情緒突然朝他撲擊而來，他不知道自己發生了什麼事，他感到焦慮、憤怒，好幾次瀕臨崩潰，常常覺得自己要失控攻擊人。直到開始接受心理諮商，並且利用拳擊來抒發憤怒的情緒，他才一步一步慢慢挖出那些被掩埋二十年的哀傷。

我有許多個案都認為，如果要免於被情緒控制，就要把情緒推開。許多人用盡力氣逃避情緒、忽略情緒，或是使用各種防衛機制來阻隔情緒靠近。不僅如此，在這個強調正向思考的社會，許多人倡導著「改變想法、想開心的事情」就可以讓負面情緒離開，這樣的方式或許只對某些人有效，不然，如果真的可以單單藉由改變想法就改變情緒，就不會有這麼多人苦於憂鬱症、焦慮症或各種心理痛楚了。

如果你想要不被情緒控制，就不能去逃避情緒。相反的，你需要去認識情緒、去感受情緒，因為我們要先擁有情緒，才能讓情緒離開。

當展現情緒被視為「軟弱」

二〇一六年，英國皇室哈利王子、哥哥威廉王子與妻子凱特王妃，三個人成立了一個英國推廣心理健康的組織「同心協力」（Heads Together）。在一個影片中，哈利王子提到：「現在每個人都展現自己的生活很完美，而當你看到其他人好像都過得很完美，但自己卻很掙扎時，就會覺得一定是自己有問題。」他繼續說：「但是，如果有一個空間，可以讓你安心地談論這些情緒，一切就可以不一樣。」

曾經，哈利王子也是一位不願意談論碰觸情緒的人。我猜想，不僅僅是哈利王子，世界上許多男性都是如此，畢竟，在這個處處強調競爭、比較、成功的社會中，表現出情緒，尤其是悲傷、恐懼、不安全感，就會被視為「軟弱」。

這個社會加諸許多規範和期待在男性和女性身上。對女性來說，表達自己的情緒、向人求助、展現脆弱，是一件被社會允許的事情。但是，男性在成長的過程中，如果展現情緒，就會被指責「不像個男人」。這個社會描述「男子氣概」的條件包含了「贏」、「暴力」、「控制情緒」、「工作成就」、「權力比女性大」，以及「追求名利地位」等等。一位男性在被社會化的過程中學習到：如果想要「像個男人」，就絕對不能展現那些脆弱的情緒，不然會很丟臉。而這樣的壓抑情緒，讓許多男性心理健康受到很大的影響。

這些認為「情緒等同於軟弱」的觀念，也讓我看到許多個案對於自己擁有情緒感到受挫。「我怎麼會難過，這有什麼好難過的？」「怎麼過了這麼久了我還會被影響？」「都過一年了我還會悲傷，一定是我太軟弱了。」如果你願意，也可以在日常生活中出現情緒時，覺察自己內心冒出哪些聲音？對於自己的情緒你有哪些評價？或是看到別人顯露情緒時，你內心會不會也冒出批評與指責？

如果你發現自己常常對「擁有情緒」充滿評價，這些都很正常，畢竟社會化的過程中我們被這樣形塑。現在正是時候，我們來重新認識和定義情緒，一起創造一個空間讓每一個人，不管是男性或女性，都可以自在地擁有和顯露情緒。而創造這個空間的第一步，就是要允許自己去感受情緒。

允許自己去感受情緒

如果情緒是浪潮，我們就要學會衝浪，這樣當情緒浪潮朝你撲擊而來時，你就能踏上衝浪板，自在隨著浪潮起伏。

如果情緒是你的內在世界天氣，我們就要學習如何航船、如何觀測風向與方位，這樣當我們掌舵這條稱為生命的帆船時，才能面對大海上的各種天氣，繼續前行。

去感受，需要勇氣。勇敢並不是「不害怕」，而是就算害怕，你也願意去面對自己真實的感受。當你有勇氣面對自己的內在世界、和情緒待在一起、去傾聽情緒想要傳遞的訊息時，才會知道接下來該做什麼事情。

這一本書的下一部分，會帶領你更進一步認識情緒，並學著覺察情緒、感受情緒。在這之前，我想邀請你為自己簽署一份「感受情緒同意書」。

在美國，每當我要為孩子舉辦諮商團體或個別諮商時，都需要他們的父母簽署一份同意單，同意我為他們的孩子進行這些活動。我也試著寫一份同意單給自己。我會拿出一張白紙，在上面寫下「我允許自己去感受各種情緒」，然後簽上名字，貼在書桌前。每當意識到自己在抑制阻擋情緒的時候，我就會看著這張同意單，提醒自己：**我允許自己去感受情緒**。

如果你願意，請你也拿一張紙，寫上「我允許自己去感受各種情緒」，然後簽名，放在自己容易看到的地方。

簽完這份同意單後，我要再度請你去感受，並請你在繼續閱讀這本書時，也能夠照著書上的引導做練習，試著去覺察和感受情緒。

PART 2

覺察情緒，感受情緒

06

慢下來，
走進你的內心世界

復原需要的是「緩慢」。

緩慢是復原過程中的拐杖與支撐護具，

讓內心那些破碎的部分，可以好好被支撐著，

然後慢慢成長編織回來。

還記得第三章裡提到的菁菁嗎？

大學的第一個學期，她在一場派對中被性侵。這一年來，菁菁為了不去想，把自己的生活塞滿各種行程和活動。忙碌對她來說是重要的防衛機制，因為只要忙碌，她就不需要去面對「感受情緒」這件事。

不僅在生活中忙碌，我發現菁菁在諮商中也很「忙」。她在諮商會談時會充滿笑容、不斷講話，講過去這禮拜她做了哪些事、和朋友去了哪裡、哪位朋友又發生什麼好笑的事情。不只是講話速度飛快，我也觀察到菁菁的肢體訊息：她會一直變換坐姿，一下搔搔頭髮，一下把手放到頭後面。不論是言語或是身體姿勢，我發現，菁菁都不敢停下來。

必須慢，才能看見

在某一次的諮商，我緩慢地對菁菁說：「你願意花幾分鐘的時間，停下來，去注意你的身體現在有哪些感受嗎？」

菁菁點點頭。於是我請她閉上眼睛，開始深呼吸。我緩慢地引導她：

「試著去覺察你的身體現在有哪些感受。只要去觀察就好，不需要做任何改變。」一個人必須慢下來，才有辦法覺察內心世界，所以我也刻意放慢我說話的速度。

過了一會兒，我輕輕問她：「你觀察到什麼？」

菁菁張開眼睛，眼中湧出淚水。她對我說：「我觀察到，我的胸口非常沉重。」

「如果你願意的話，花一點時間去感受胸口的沉重感。只要去感受就好，不需要做任何改變。」我繼續引導菁菁，讓她更靠近情緒一點。

菁菁又閉上眼睛。過一會兒，她張開眼睛，開始啜泣。我輕聲問：「胸口的沉重感，你覺得有什麼情緒在那裡？」

「感覺有很多情緒攪在一起……嗯，我覺得很悲傷。」菁菁說。

對菁菁來說，每天的忙碌就像在跑障礙賽。她每天都在衝刺，跨越過一關又一關的關卡。忙碌讓她停不下來，而停不下來，她也就無法進入自己的內心世界去觀察裡面發生了什麼事。

而當菁菁終於停下來（而且要停下來夠久），她才終於碰觸到胸口那塊沉重的悲傷。

清出空間，讓情緒出來

「為什麼事情已經過了一年多，我還是被影響？為什麼我不能繼續好好過生活就好？為什麼我不能就把這一切放下、拋在腦後？」某一次諮商會談中，菁菁哭著說。

「我想，因為還有許多未被看見和傾聽的情緒需要你的關注，所以才很難就這樣放下吧。」我告訴菁菁：「**如果要放下，就必須去感受那些痛苦和情緒**。」

英文裡有一個詞叫做「move on」，當別人叫你「move on」時，意思大概就是不要再被過往的事情影響，應該要向前看、往前走。不管在諮商室或日常生活中，都很常聽到這個詞，個案們說他們想要「move on」，他們的親人、朋友，甚至是網路上的心理勵志文章，都叫他們要趕快「move on」。

但是，當你有許多未被承認的情緒堆疊在牆後，就無法放下。**如果要真正向前走，必須讓這些累積已久的情緒冒出來、攤開來**。

對於菁菁來說，她每天都深陷在忙碌和無限打轉的想法中。她不斷地想：如果當初不要喝酒就好了、如果沒有去那個派對就好了、都是我的錯、我不應該有這些情緒、這沒什麼大不了，很多人都發生這樣的事情……。忙碌和這些想法是她的防衛機制，占據了她所有的空間和時間，讓她不需要去感受情緒。菁菁必須先清出一個空間，情緒才能出來。

每個禮拜的諮商，我都在幫助菁菁練習停下來、覺察自己的情緒和身體感受。幾次諮商會談後，菁菁慢慢可以意識到自己什麼時候在使用防衛機制，並開始練習與情緒待在一起。

復原，需要緩慢

曾經，我非常討厭「慢」。我喜歡事情快速完成，碰到緩慢會讓我內心充滿評價：「怎麼這麼慢？」就像這個社會崇尚快速，我一直以自己很有效率為傲，「慢」在我心中就是不好的、有問題的。而這樣崇尚快速的心態，也讓許多人對於心理復原充滿急躁，總是急著探問：「我怎麼還沒好？」「怎麼這麼慢？」

我有一位十七歲的青少年個案，前陣子腳開了刀。手術結束後，醫生告知他有好幾個月不能運動，要他盡量不要走路、走路要撐拐杖、每天都要穿戴腳踝支撐護具、坐下時要把腳抬高……。幾個月的復健過程，他都依照醫師的指令做，家人也會提醒他要多多休息，沒有人會指責他：「你的腳怎麼還沒好？」

對於這些看得到的傷口，我們知道恢復需要時間，並且復原過程需要遵守醫師的建議，周遭的親友也不會責問你：「怎麼還沒好？」那麼，對於心理傷口的復原，不也該一樣嗎？

如果每個人在心理受傷後能夠拿到一份復原處方箋，那麼我會在處方箋上寫著：「緩慢，請讓自己慢下來。」

在我自己經歷失去之後，也體驗到了人生前所未有的緩慢。

身為諮商師，我知道必須慢下來才能復原，因為唯有停下來，才能真正面對內心的聲音和情緒。於是我放下了本來忙碌的生活樣貌，從原本每天都列出滿滿的工作清單，到有好幾個月不寫行事曆、不列清單、把本來預計畢業的時間延後一年。

至少有半年的時間，我除了每天一定要做的工作之外，其他時間我練習傾聽內心告訴我「現在需要什麼？」，於是我花了很多時間散步、閱讀、寫作、聽音樂、感受情緒、寫日記、發呆、和信任的朋友們連結。

當然，每一個人「緩慢」的方式不一樣，這是我慢下來的方式，你也會有你自己需要緩慢的方式，沒有哪一種比較好。**你要做的只是放慢步調，然後去傾聽內心需要什麼**。心理復原沒有快速方法，如果有的話，以我這麼重視效率，我一定會找出這些快速復原的方式。

復原需要的是「緩慢」。緩慢是復原過程中的拐杖、腳踝支撐護具，讓內心那些破碎的部分可以好好被支撐著，然後慢慢成長編織回來。

每天慢下來，你才可以更進入自己的內心世界。一個簡單練習慢下來的方式，就是練習「覺察」（Mindfulness）。覺察是指抱著好奇心去觀察「當下」，只要觀察發生什麼事情就好，不需要評價，或是做改變。

你可以試著每天花幾分鐘，讓自己暫停下來，藉由兩個「覺察」的小活動，去觀察自己的內在世界與外在世界。

覺察外在世界

不管你在哪裡，都可以試著用底下的方式來覺察你周遭環境。

一、仔細觀看你所在的環境，試著說出四樣你看到的東西。

二、仔細聆聽周遭，試著分辨出三種你聽到的聲音。

三、試著用手觸碰兩樣東西，然後說出摸起來是什麼感覺。

四、利用你的嗅覺，注意環境中有哪些氣味，試著辨認出一種氣味。

覺察內在世界

請選擇一個讓你覺得安全、安靜、舒適的地方。坐下來（或躺下來），閉上眼睛，照接下來的引導做。

一、從覺察你的呼吸開始，把手放在你的肚子上。吸氣時，肚子要往外脹；吐氣時，讓肚子慢慢縮進來。吸氣時，去感受空氣吸進鼻腔裡是什麼感覺，進入肺裡是什麼感覺；吐氣時，也去感受空氣從鼻腔裡吐出來是什麼感受。

二、把注意力轉移到身體上，從頭頂開始往下：眼睛、鼻子、臉頰、脖子、肩膀、胸膛、手臂、腹部、臀部、大腿、小腿、腳掌、腳趾，去觀察身體每個部位有哪些感受，感受一下哪裡覺得緊繃、沉重或輕盈。

三、把注意力轉到你的想法上。想像你前面有一台螢幕，你的想法一個一個被投影到螢幕上。只要去觀察這些想法就好，不需要做任何事情。

四、把注意力轉到你的情緒上。去注意你現在有沒有任何情緒。如果有的話，這些情緒坐落在身體的哪裡？如果可以，也請替這些情緒命名。

五、最後再把注意力轉回到你的呼吸上。去注意吸氣和吐氣時的感受，等你準備好，就可以張開眼睛。

07

認識情緒變化三角

情緒來襲時就像浪潮打向你，

你必須感受水撲向你的衝擊力和刷洗過身體的感覺。

情緒是能量，必須流動，

就像海浪慢慢攀升、撲過來，然後消逝離開。

今年三十多歲的丹尼，接受心理治療已經至少十幾年了。記得在諮商室第一次見到他時，他告訴我：「過去十幾年來，我嘗試過各種藥物和心理治療法，都沒有用……」

因為嚴重的憂鬱和焦慮，讓丹尼休學了好幾次，這是他第三次回到大學。「我覺得我很失敗，都已經三十多歲了還在念大學。我同年紀的朋友們都已經有一定的工作成就或成家了，我卻還是個大學生。我怎麼這麼糟糕？我為什麼不能再努力一點？」丹尼的內心有個非常強烈的批判聲音，這個聲音不斷告訴他：「你很懶惰、糟糕，沒有人想跟你在一起，你就是不夠努力才會這樣。」

諮商丹尼的過程中，我覺察到丹尼對於情緒很疏離，每當我問他「這些事情讓你有什麼感覺」時，他都會回覆我：「這些我以前做心理治療都處理過了。」「我童年沒有創傷啦，發生在我身上的事情一點都不嚴重。」丹尼在形容自己發生的事情時，就好像在描述另一個人的故事，我在他身上完全感受不到一點情緒。

我很好奇丹尼的成長過程，尤其身為亞裔美國人，我想知道他的家庭是如何面對情緒？他又如何看待情緒？

慢慢理解丹尼後，我發現丹尼有一對完全不表達情緒的父母。他的童年記憶就是父母無時無刻都在工作，他總是孤單一人，感覺不到和父母有任何情緒上的連結。上國中後，丹尼因為焦慮症讓成績一落千丈，學校老師責備貶低他，父母也因為忙碌疏離不知道他發生了什麼事，整個國中三年，丹尼覺得自己孤立無援，沒有人能幫他。

「這是什麼感覺？」我問丹尼。

「我感覺被拋棄了。」丹尼說。

是情緒，還是想法？

「『被拋棄』不是一種情緒，」我想幫助丹尼更覺察自己的情緒，「試著去感受一下，當你被拋棄時，是什麼感覺？」

不管在諮商室，或是日常生活中，我常常看到大家把「情緒」和「想法」混淆在一起。

個案常常告訴我：「我感覺不被重視」、「我感覺很不公平」、「我感覺生活一團混亂」、「我感覺不被愛」。但是，如果你仔細讀這些句子，會發現這些都不是「情緒」，而是「想法」。如果你的伴侶不重視你，會有哪些感覺？大概會感到生氣或悲傷吧。如果老闆對你做了一件很不公平的事，你會有哪些情緒？如果生活一團混亂，是哪些感覺？如果你覺得沒有人愛你、關心你，會有什麼情緒？

我也發現，當我問個案「你的感覺如何」時，很常得到的回覆是他們的「想法」，而不是「情緒」。而當個案越想越多，進入了思考模式，我們就會離感受情緒越來越遠。

為了幫助個案更能覺察貼近自己的感受，我開始詢問他們：「你現在觀察到身體有哪些感受？」「你在身體的哪裡感受到悲傷？悲傷是什麼樣的感受？」

「嗯……我不知道，我的身體完全沒有感受。」在剛開始諮商丹尼時，他總是這樣回覆我。我理解到，丹尼對情緒非常的疏離，某種程度上，丹尼的身心很分離，所有情緒都停留在大腦。

認識情緒變化三角

為了幫助丹尼更認識情緒，我使用了「情緒變化三角」（The Change Triangle）。第一次讀到這個概念，來自美國臨床社工師希拉蕊・韓德爾（Hilary Hendel）的著作《不只是憂鬱》（*It's Not Always Depression*）。這個簡單的倒三角形，解釋了很多對情緒的認知。我也開始在諮商中，向個案介紹這個概念。

「情緒變化三角」這個倒三角形（見一〇三頁圖示）的最下方，稱作「核心情緒」（Core Emotion），不同理論對於哪些情緒屬於核心情緒的說法不一，但基本的核心情緒包含：喜悅、興奮、憤怒、悲傷、厭惡、恐懼。理想狀態上，如果我們成長過程中學習到如何和情緒共處，那麼在這些核心情緒出現時，我們都能夠去接納、面對與感受。

但是，大部分的人在成長過程中，並沒有學到如何和情緒共處，而是學會把情緒推開。為了不要感受這些核心情緒，我們總是發展出三角形左上方的「防衛機制」（Defense）。如同前面篇章介紹，防衛機制是任何讓你不用去感受情緒的行為或反應。在丹尼身上，我看到許多他使用的防衛機制：內心強烈的自我批判、身心分離、不斷理性分析、告訴自己這沒什麼……。當他不斷停留在思考模式，就不需要去感受。

倒三角的右上方稱為「抑制情緒」（Inhibitory Emotion），例如「焦慮」就是一種抑制情緒。抑制情緒的目的，也是讓你不用去感受深層的核心情緒。當你開始焦慮，就不用真正去感受底下可能存在的恐懼、悲傷、憤怒。

通常這個情緒變化三角會從左上方開始，看你使用什麼防衛機制讓自己不用去感受；當你朝核心情緒更靠近一點，抑制情緒就可能會出現，讓你感受到焦慮。我要幫助丹尼的，是帶著他走到倒三角的最底下，去感受他的核心情緒。

情緒變化三角

防衛機制
任何讓你不用去感受情緒的行為或想法，像是麻痺、忙碌、成癮行為等。

抑制情緒
（例如焦慮）
目的也是為了要讓你不用去感受核心情緒。

核心情緒
喜悅、興奮、恐懼、悲傷、厭惡、憤怒。

面對情緒，你要做的就是去感受

很多個案問我：「要怎麼做才能讓這些痛苦的情緒停止？」

我都會告訴他們：「去感受。」

這個答案聽起來很簡單，做起來卻不容易。

很多人會覺得，當情緒出現時（尤其是那些痛苦與壓迫的情緒），我們必須做些什麼去「控制情緒」，或是把情緒「趕走」。

但相反的，情緒來臨時，要做的應該是「讓自己去感受」，而不是去控制或改變情緒。**情緒來襲時，就像**

浪潮打向你，必須感受水撲向你的衝擊力和刷洗過身體的感覺。情緒是能量，必須要流動，就像海浪慢慢攀升、撲向你，然後消逝離開。

就像丹尼一樣，很多人在面對情緒時一直停留在思考模式，然而當我們開始「想」，用的就是我們的「理性腦」。而情緒在身體裡，我們需要用身體去感受，這就是為什麼稱它為「感覺」（feeling）。

你可以試著去覺察情緒來臨時，身體有哪些感覺。譬如害怕時，你會感到心跳加速、呼吸急促或胃絞痛；當你悲傷時，可能會覺得胸口非常緊繃沉重、全身無力；憤怒時可能會全身緊繃，好像胸口有能量要衝出來；開心喜悅時，可能會感受到身體輕盈、心頭很暖。

覺察到身體的感受，是貼近情緒的第一步。如果你願意，可以用下列這個活動來覺察自己在不同核心情緒來臨時，身體有哪些感覺。

覺察自己的身體感受

請閉上眼睛，做三次深呼吸。每次呼吸記得吸氣四秒鐘，然後慢慢吐氣八秒鐘。

請你回想一個讓你悲傷的事件。如果悲傷程度從零到十，挑一個程度大概是兩分和三分的事件就好。在回想這個事件的過程中，試著去覺察身體出現哪些變化。

接著，做一個非常緩慢的身體掃描，從頭開始，到眼睛、臉頰、脖子、肩膀、胸膛、手臂、腹部、臀部、大腿、小腿、腳掌，去觀察身體每一個部位有哪些感受。整個過程中不需要做任何改變，也不需要評價感受好不好，不用去分析，只需要觀察。

觀察結束後，再做三次深呼吸，每次吸氣四秒鐘、吐氣八秒鐘，讓你回到當下。準備好後，請張開眼睛，在以下空格處填寫你剛剛在悲傷時，觀察到身體有哪些感受。

悲傷時的身體感受：＿＿＿＿＿＿＿＿

同樣的，試著回想一個讓你感到以下情緒的事件，照著上面的方法觀察身體，然後填寫觀察到什麼。

憤怒時的身體感受：＿＿＿＿＿＿＿＿

害怕時的身體感受：＿＿＿＿＿＿＿＿

喜悅時的身體感受：＿＿＿＿＿＿＿＿

興奮時的身體感受：＿＿＿＿＿＿＿＿

厭惡時的身體感受：＿＿＿＿＿＿＿＿

如果你發現回想情緒時覺察不到任何身體感受也沒關係，這樣的覺察需要慢慢練習。越練習，越能夠觀察到自己的情緒。你可以從日常生活中開始，讓自己少一點思考，每天多花一點時間觀察身體出現哪些感受。

08

撫平焦慮，
才能碰觸深層情緒

焦慮就像不同顏色的毛線，雜亂地纏繞成一團，
當我們慢慢把毛線梳理出來，就能看到每一種情緒。
撫平焦慮，就能感受到底下的核心情緒，
提供一個空間，讓每一種情緒可以舒展開來。

在我工作的社區諮商機構，有許多被寄養和領養的兒童個案。這些孩子，每一位都攜帶著來自原生家庭的創傷，常常有許多情緒或行為問題。我也需要幫助他們的養父母理解創傷，讓他們更能夠理解這些孩子行為背後的創傷根源。

今年四十八歲的凱蒂，和先生一起領養了三個孩子，每個孩子都在原生家庭中經歷嚴重的虐待與疏忽。凱蒂和先生非常努力想給這些孩子一個安全的家，他們也理解這些孩子有嚴重的創傷，所以領養孩子後，凱蒂放棄自己的工作，當個全職母親，非常盡力地帶每一位孩子去做治療。

「過去十幾年，我根本就沒有『自我』。我所有時間都花在孩子身上。」凱蒂說。

凱蒂來到諮商室，因為她目前十六歲的兒子出現許多行為問題——翹課、離家、混幫派，讓凱蒂感到壓力很大。

「我不懂，為什麼他之前明明都表現得很好，會去上學和打工，但是突然間整個人變了，不斷對我們說謊、喝酒、抽菸、做一些很危險的事。我每天都很擔心警察會突然出現在我家門口，跟我說我兒子死了。」凱蒂說。

過去犧牲奉獻一切給孩子，孩子卻變成這樣，讓凱蒂非常困惑不解。為什麼會變這樣？到底是哪裡出錯了？

覺察到防衛機制

每天，凱蒂花很多時間陷入自己的思考迴圈裡——她不斷回想從開始領養兒子後的每一步，想知道到底哪裡出錯了。在諮商室中，我也觀察到凱蒂不斷分析，而這樣的思考模式讓她完全無法碰觸情緒。為了讓凱蒂開始貼近情緒，我想先幫助她認識她正在使用的防衛機制。

某一次的諮商，我問凱蒂：「我可以向你介紹情緒變化三角嗎？」她點點頭。我拿起紙筆畫了一個倒三角形，在三個角落寫上「防衛機制」、「抑制情緒」和「核心情緒」。我向凱蒂解釋：「有時候情緒讓人感到很痛苦，為了逃避情緒，許多人會使用『防衛機制』。有些人的防衛機制是忙碌，有些人是酒精、網路或食物成癮，你覺得你平常都在使用哪些防衛機制？」

凱蒂笑了笑，拿起筆在「防衛機制」那個角落寫上「過度分析事情」。「不斷分析」的確是凱蒂的防衛機制，我也可以了解為什麼凱蒂會想分析事情，因為面對不合理的事，我們都需要有個解釋和答案。其實，不只是「過度分析」，我還看到凱蒂無時無刻都把心思放在孩子身上、照顧別人，這些都是讓她不用去感受的防衛機制。

「聽起來，有一部分的你很需要分析事情。」我拿起櫃子上一籃小玩偶遞給凱蒂，「你可以選一個玩偶來代表很愛分析事情的你嗎？」

凱蒂開始挑選，那籃子滿滿的玩偶，有些是動物，有些是人物。凱蒂選了一個滿頭白髮的老奶奶玩偶，笑著說：「那個愛分析的我是一位充滿智慧的奶奶。」

「請你問問這位充滿智慧的奶奶，願不願意坐到這間諮商室的其他地方，給你一點空間，讓你可以去接近情緒。」凱蒂點點頭，眼睛閉起來。過一會兒，她張開眼睛，把奶奶玩偶放到沙發旁邊的櫃子上，「她現在開始待在這裡。」

凱蒂的情緒變化三角 01

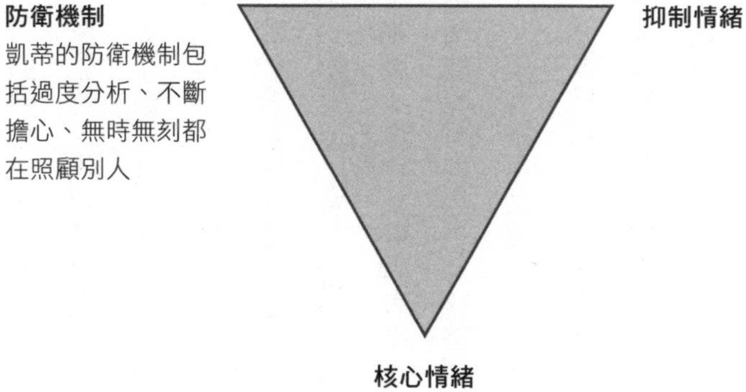
防衛機制
凱蒂的防衛機制包括過度分析、不斷擔心、無時無刻都在照顧別人
抑制情緒
核心情緒

當你靠近情緒，焦慮可能會出現

「現在，再請你閉上眼睛，花一點時間去觀察自己有哪些身體感受。如果你發現你又開始回到分析上，就提醒一下那位充滿智慧的奶奶，請她給你一點空間。」凱蒂點點頭，閉上眼睛，開始深呼吸。

過了一會兒，凱蒂張開眼睛，我可以感覺到她的肢體訊號不太一樣。凱蒂眼神充滿驚恐，臉頰微微脹紅，「我突然心跳變很快，肩膀緊繃，覺得好緊張，我不知道情緒來了後該怎麼辦。」

情緒變化三角的右上方寫了「焦慮」，當凱蒂放下防衛機制，更往核心情緒靠近時，焦慮就出現了。而這份焦慮常常來自於對情緒的害怕——恐懼著不知道自己會如何面對情緒？情緒來了後不知道自己會做出什麼事？表達情緒之後，不知道別人會如何對待我們？

我們會對情緒產生恐懼，源自於成長過程中，周遭的人如何回應我們的情緒。如果你小時候每次出現情緒，父母就指責你、忽視你、威脅要拋棄你，那麼，你的大腦就會把「情緒」和「危險」連結在一起。於是，當你要接近情緒時，你的杏仁核警報器就會嗶嗶作響，告訴你現在有危險！就算實際上，現在根本就沒有任何危險。

我向凱蒂解釋，出現焦慮是很正常的，我們要練習撫平焦慮，這樣她才能繼續往倒三角形的下方走，去碰觸核心情緒。

我帶凱蒂做了一個「接地練習」(Grounding Technique)，這個練習是要幫助她穩住自己的身心。我請凱蒂將注意力轉移到她的腳，感受腳底板踏在地面上的感覺，要去感受腳底下踏著的是穩穩的、堅固的地面。當凱蒂感

凱蒂的情緒變化三角 02

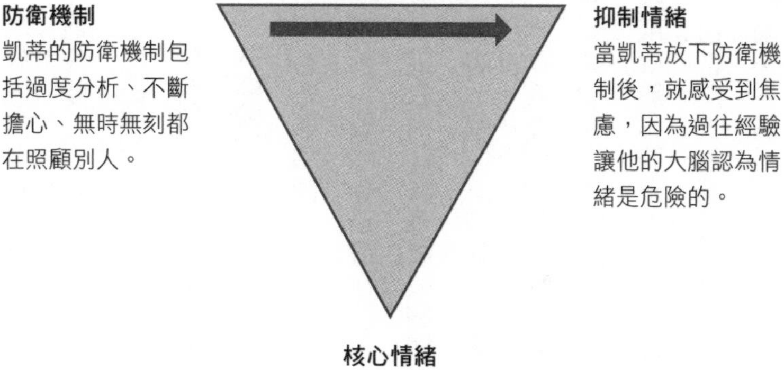
防衛機制
凱蒂的防衛機制包括過度分析、不斷擔心、無時無刻都在照顧別人。
抑制情緒
當凱蒂放下防衛機制後，就感受到焦慮，因為過往經驗讓他的大腦認為情緒是危險的。
核心情緒

覺到自己穩穩接在地面時，我請她做幾次深呼吸——吸氣四秒，吐氣八秒，吐氣時要想像身體裡的焦慮隨著空氣一起吐出來。

情緒需要被看見、被聽見

我感覺到凱蒂整個人穩下來後，我向她解釋：「很多時候我們感到焦慮，是因為有許多未被傾聽的情緒參雜在一起，讓你覺得很混亂。你願意試著去辨識看看有哪些情緒在那裡嗎？」凱蒂點點頭。

我請她再一次閉上眼睛，去辨認內心現在有哪些情緒。「辨認到情緒時，試著說出你覺得這是什麼情緒。只要為情緒命名就好，不用去評價或是做任何改變。」我說。

「我感覺到很憤怒。」凱蒂摸著胸口，「覺得胸口很悶熱，頭腦很脹。」

「你為兒子犧牲奉獻，他現在卻變這樣，可以理解有一部分的你非常憤怒。」我繼續說：「除了憤怒外，你還感受到哪些情緒？」

凱蒂開始啜泣。「我覺得很悲傷，感覺胸口壓了很多大石塊，而且我覺得很害怕，我感覺恐懼在膝蓋上，好像要我趕快跑。然後我也覺得很挫折，很氣我現在為什麼變成這個樣子。」

焦慮，就像不同顏色的毛線雜亂地纏繞成一團。當我們慢慢地把毛線梳理出來，就能看到每一種情緒。撫平焦慮後，凱蒂就能去感受憤怒、悲傷與害怕。擁有這些情緒都沒有對錯，凱蒂要做的，是提供一個空間，讓每一種情緒可以舒展開來，並告訴每一種情緒：「我看見你了。」

凱蒂閉上眼睛，靜靜地感受情緒。過了一會兒，她睜開眼睛，我感覺到她整個人平穩了許多。她說：「我覺得胸口的壓迫感降低了很多，好像現在

凱蒂的情緒變化三角 03

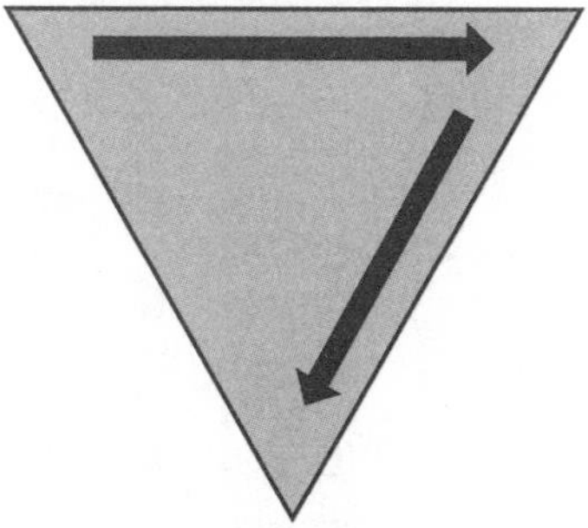
防衛機制
凱蒂的防衛機制包括過度分析、不斷擔心、無時無刻都在照顧別人。
抑制情緒
當凱蒂放下防衛機制後，就感受到焦慮，因為過往經驗讓他的大腦認為情緒是危險的。
核心情緒
當凱蒂撫平焦慮後，就接觸到核心情緒：憤怒、悲傷、害怕。

胸中有一條河流，然後流水把岩塊刷平滑了。」

傾聽情緒、為情緒命名，光是這樣簡單的動作，就可以舒緩情緒的強烈壓迫程度。凱蒂是一個很喜歡用比喻和畫面的個案，於是我也用比喻法向凱蒂解釋：「就像一個幼兒園班級裡，很多孩子舉手想回答問題，當老師終於叫到這位孩子、讓他回答問題，他就滿足了，不用再一直舉手大叫。你可以把每一種情緒想像成這些小孩，情緒需要你看見他、傾聽他，當你花時間去注意他，他就滿足了，不用再這麼壓迫著想得到你的注意力。」

凱蒂聽完後笑著說：「在聽你講的時候，我完全可以看到我的孩子們小時候鬧哄哄搶著要我聽他們說話的樣子。」

去感受情緒，對許多人來說是一個很陌生的領域。每當你快要接近情緒時，有很大的機率會感到焦慮，因為大腦和身體還是認為情緒很危險。我常常向個案解釋，**焦慮其實不是敵人，而是我們的朋友，焦慮在傳遞訊息對你說：「有情緒需要你的關注！」**

下一次，當你感到焦慮時，可以藉由下列方法幫助你撫平焦慮，然後試著傾聽底下的核心情緒。

撫平焦慮，碰觸情緒

當你感受到焦慮時，可以試著做這個練習：

一、把注意力轉移到身體感受上，注意你的身體感覺（如心跳加速、胸口緊繃、頭頂脹熱……等等）。

二、只是覺察身體感受就好，不需要想為什麼或是去評價。試著描述你的感受，像是說出：「現在我感覺到胸口很緊繃。」

三、做五次深呼吸，每次吸氣四秒鐘，吐氣八秒鐘。你可以告訴自己，現在我正在接近情緒，才會感到這麼焦慮。

四、再回去觀察身體感受，注意身體狀態有沒有改變。當你感覺自己穩定時，試著去辨認有哪些核心情緒。

五、抱持好奇的態度為情緒命名。

1.每辨認到一種情緒，可以這樣說：「我注意到我感覺＿＿＿＿。」

2.如果覺得辨認情緒有困難，可以一一詢問自己：我難過嗎？生氣嗎？快樂嗎？害怕嗎？噁心嗎？興奮嗎？

3.每一種情緒是一條光譜，譬如生氣的光譜就從輕微煩躁到極端暴怒。如果以0到10分代表嚴重程度（10分最嚴重），你的每一種情緒程度是幾分？

六、允許自己擁有這些情緒，讓這些情緒出來，不用做評價。生氣就是生氣、悲傷就是悲傷，去感受這些核心情緒浪潮如何打向你。

09

憤怒需要被感受，
不是被評價

不仔細去傾聽憤怒，可能就會讓他人繼續越界，

繼續用你無法接受的方式對待你。

當你不願意去感受生氣，不讓自己的聲音被聽見，

這些不滿持續累積，可能會造成更嚴重的後果。

今年快六十歲的安娜，前陣子剛離開一段長達三十年的受虐婚姻。在這段婚姻裡，她全心全意撫育三個孩子，為整個家張羅打理一切。但是在她的前夫眼中，她什麼都做不好。「我每天無時無刻都在擔心自己是不是做錯事，一點小事只要不合他的意，他就開始對我咆哮辱罵，而且一罵就是十幾二十分鐘。這些辱罵天天都會發生，如果回嘴只會更糟糕，我只能待在那裡等他罵完。」

很多人提到家暴時，只會想到肢體暴力，但是這樣的言語和精神暴力，也算家暴的一種。這三十年的婚姻，每當前夫對她辱罵，安娜總是低著頭、縮著身體，彷彿整個人凍結住。後來我也理解，更了解安娜後我發現，原來這樣「縮著身體的凍結狀態」對安娜來說一點都不陌生，在父親的面前她也是這樣。

凍結狀態從童年開始

從六歲開始到國中，安娜每天放學回家，爸爸總是不斷貶低羞辱她：

「你這個白痴、智障，你怎麼這麼笨！」爸爸看著她的眼神總是充滿厭惡與噁心。對小女孩安娜來說，每當父親一說話，她就會進入凍結狀態——低著頭、縮著身體，她很想消失不見。

讓小女孩安娜更困惑的是，爸爸像個雙面人。記憶中，經常有一些叔叔來家裡看美式足球賽，而爸爸在這些叔叔面前總是有說有笑，好像變成了另一個人。不僅如此，爸爸對安娜的哥哥們也疼愛有加，會教哥哥打棒球、踢足球，哥哥的球賽也都會出席。但是對於加入田徑隊的安娜，爸爸從來沒有出席過任何一場比賽。「爸爸在這個社區是很有聲望的人，但是對我來說，他是個惡魔。」安娜說。

我工作的機構專門做創傷治療，在這裡，我看見了經歷各種創傷的個案——童年虐待、家暴、父母親嚴重忽略、目睹親人被殺、父母有藥物酒精成癮問題……等等，這些由「人」造成的創傷之所以劇烈，是因為它摧毀了人與人之間最基本的信任和連結。

對小女孩安娜來說，本來應該保護她的父親卻成了痛苦的來源。她對父親來說是隱形的、被討厭的，在這樣的環境下長大，安娜有著強烈的自卑感，她覺得自己一點都不重要。

我看到將近六十歲的安娜在提到童年時，肩膀微微向前拱，纖細的身體縮了起來。我似乎看見一個六歲女孩緊縮著身軀，在沙發上顫抖著。

當安娜描述父親如何對待她時，我也感受到我的臉頰脹熱、胸口緊繃。我光聽到這些都覺得生氣了，然而安娜卻用非常平靜的語氣描述這一切。我很好奇，她的憤怒在哪裡？

我怎麼可以對父母生氣？

「安娜，你願意觀察一下身體有哪些感受嗎？」每一次諮商會談，我都會引導安娜去接近情緒。

安娜閉上雙眼靜靜感受。過了一會兒，她開始哭泣：「我的胸口很沉重緊繃，我覺得一位孩子經歷這些很悲傷。如果我自己的孩子被這樣對待，我會很心痛。」我給安娜時間和空間好好哭泣，這些淚水是累積許久的哀傷。

安娜持續哭泣一段時間後，整個人平靜下來。我邀請她再回去觀察悲傷：「請你和胸口沉重的悲傷感再一起待一下下……如果『悲傷』有個圖樣或形狀，你覺得是什麼？」

安娜閉上眼睛，再次感受悲傷。「那個悲傷是十歲的我，她穿著紅色洋裝和淺藍色靴子。」我問安娜，能不能邀請這位小女孩一起坐在諮商室裡。安娜拍拍沙發旁的空間，讓她的內在小女孩坐在那裡。

當個案能夠把「自己」和「情緒」分開，就可以理解到情緒只是一部分的自己。當安娜能夠邀請「十歲的小女孩」坐在身邊，安娜就變回了大人（現在近六十歲的自己），就能用大人的眼光和能力去處理創傷。在做創傷治療時，並不是要讓個案變回那位受創的小孩，而是要幫助個案能夠一隻腳踩進創傷的「過去」，另一隻腳穩穩地站在「現在」，用現在的自我去處理過去的創傷。

安娜讓自己感受悲傷，而我很好奇，她對父親還有哪些情緒？於是我邀請她再度進到自己的內心世界，看看有沒有其他情緒需要關注。她閉上眼

安娜的情緒變化三角

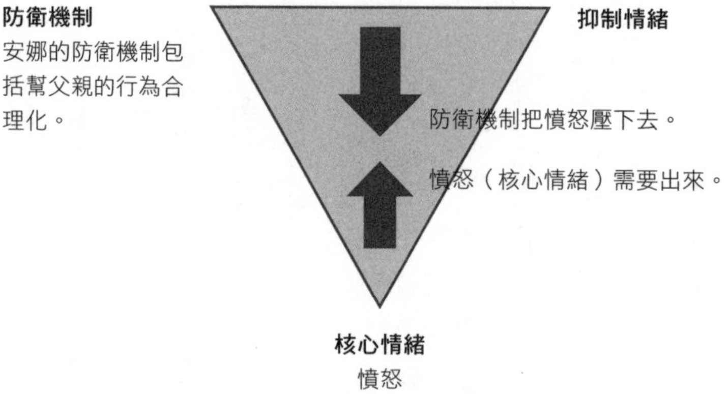
防衛機制
安娜的防衛機制包括幫父親的行為合理化。
抑制情緒
防衛機制把憤怒壓下去。
憤怒（核心情緒）需要出來。
核心情緒
憤怒

睛，做了幾次深呼吸後說：「我的胸口感到很憤怒，如果我的前夫敢像我爸爸這樣對待我的孩子，我一定會殺了他！」

看到安娜終於感覺到憤怒，我其實很開心。「憤怒」是安娜童年時期從來無法去感受的情緒。我邀請安娜和心中的憤怒再待久一點。但很快的，安娜的肢體訊息改變了，她開始解釋：「我現在知道我爸爸也有自己的困難，他有創傷症候群，沒有辦法好好對待我。我也知道他改變了，在我生孩子之後，我爸爸變成一位和藹的祖父，他對我的孩子非常好。我知道他用這些行為來彌補我，而且我們後來關係很好，變得很親密。」

回到前面介紹的「情緒變化三角」，當核心情緒要冒出來時，防衛機制就像拿著盾牌的士兵把核心情緒壓下去。當安娜的憤怒慢慢升起，她的防衛機制就出現了。「幫父親的行為合理化」是安娜的防衛機制，她會說：「爸爸這樣對我是有原因的，我不可以對他生氣！」

諮商中，我看到許多個案不敢對父母親生氣。他們告訴我：「我怎麼可以生爸媽的氣？他們這麼辛苦把我養大。」好像一旦對父母生氣，就會否定父母一切的好。但是，人並不是非黑即白，人很複雜，每個人都有許多面向，有一部分的你可以對父母很憤怒，一部分的你對父母很感激，另一部分的你因為父母的行為感到受傷，這些都是可以同時存在的。

和情緒待在一起

能夠「覺察情緒」和能夠「和情緒待在一起」不同。很多時候，當我們覺察到有情緒時，內心出現的第一個反應是批評與指責——我不應該感到生氣、我怎麼還會難過……。不管是哪種情緒，我們不斷告訴自己：「有這種情緒是不對的。」

身為一位諮商師，我在諮商室中引領個案去感受情緒，但在日常生活中我也常覺察到，當情緒出現時，我的內心也會冒出批評的聲音：「為什麼過了這麼久，我還會難過？」「為什麼會難過？我應該要生氣才對！」

當內心冒出指責時，我會不斷提醒自己：**「情緒就是情緒，每一種情緒都沒有對錯，我允許自己去感受每一種情緒，我允許每一種情緒的存在。」**情緒是能量，需要被感受，才能夠釋放，如果生氣，我們就是生氣，如果悲傷，那就是悲傷。情緒，就只是情緒，沒有對錯。

安娜能夠去感受悲傷，卻無法讓自己感受憤怒，這些未被感受的憤怒並不會離開，而是可能累積起來，變成憎恨。我曾聽過一位老太太說，和前夫離婚四十年後，這四十年來她的內心都充滿怨恨，每天受困在想要報復、想讓對方難受的迴圈裡。那些被壓抑的憤怒累積成憎恨充斥在心中，讓她每天都很痛苦。

很多人會說：「時間，是最好的解藥。」這句話或許不完全正確。如果情緒沒有被釋放，就算時間過再久，這些情緒還是被儲存累積在身體裡。那些未被釋放的生氣可能會變成憂鬱或是憎恨，反而讓自己深陷在走不出來的迴圈中。

憤怒，你想要做什麼？

很多人會把生氣和「暴力行為」聯想在一起，所以認為生氣不好也不應該。我常會聽到個案說：「生氣有什麼用？事情都發生了，又不能改變，這樣生氣只會讓自己難受。」的確，或許生氣無法改變事實，但是就像我一再強調的，生氣或憤怒是一個核心情緒，它沒有對錯。

憤怒的情緒在傳遞一個訊息，在告訴你：「你被侵犯了。」而當你不仔細去傾聽憤怒，可能會讓別人繼續侵犯你，繼續越界，繼續用你無法接受的方式對待你。當你不願意去感受生氣，就是不讓自己的聲音被聽見、不重視自己的需求。這些不滿、怨悶，以及忽視自己的需求持續累積，就可能造成更嚴重的後果。

對安娜來說，生氣是一個陌生的情緒，因為在她小時候從來沒辦法去感受生氣。對許多人來說，成長的過程也常被教導不可以生氣，讓許多人無法面對憤怒這個情緒。

我試著幫安娜去碰觸生氣的感覺。「安娜，你願意花一點時間和憤怒待在一起嗎？」安娜點點頭，閉上眼睛。我繼續說：「去觀察身體現在有哪些感受？只要觀察就好，不需要做任何改變。」

過了一會兒，安娜說：「我覺得臉頰脹熱，頭也很脹熱，除了憤怒外，我也感到噁心，我爸爸這樣對我，根本有病！」

「再花一點時間和『憤怒』與『噁心』兩種情緒待在一起。你覺得，如果『憤怒』和『噁心』可以做任何事情，他們想要做什麼？」我問。

「想要對我爸爸大吼，想要罵他這樣對我是多麼噁心和變態，想罵他這樣傷害我多少，我想罵他髒話，告訴他，他噁心死了！」安娜回答，她的聲音微微提高，我感覺到她的憤怒。

生氣這個核心情緒，需要被感受與釋放。安娜需要用任何不傷人的方式去釋放這些憤怒，而「在腦海中想像」就是一種很好的方法。我常常邀請個案，如果他們覺得安全，願不願意嘗試以想像的方式把憤怒這個能量發洩出來。我也這樣邀請安娜：「你願意用想像的方式，不論是在腦海中或大聲罵出來，讓你的憤怒與噁心對你爸爸大吼嗎？」

安娜點點頭，閉上眼睛，進入想像的世界。在她的想像世界裡，快六十歲的安娜，站在十歲小女孩的身後，陪著她一起朝父親大吼，告訴父親他的行為多麼讓她受傷。

不管是小女孩安娜，還是現在快六十歲的安娜，都無法理解為什麼父親這樣對她。父親已經過世了，安娜永遠無法得到父親的解釋和答案。但是，那位一直活在恐懼中、覺得自己沒有價值的小女孩安娜，今天有了機會去感受憤怒、去捍衛自己、去讓自己的聲音被父親聽到。

每個人都需要找到不傷害人的方式來釋放自己的憤怒。有些人喜歡去空曠的地方大叫、在車裡尖叫、在房間裡打枕頭、撕紙張……等等。美國著名心理學家庫伯勒-羅絲（Kübler-Ross）曾提到，醫院裡應該要有個房間可以讓任何人發洩自己的憤怒，去裡面好好地吼叫、丟東西。我也覺得每個地方，不論是學校或公司，都需要一間「憤怒室」，有一個安全的空間讓大家可以進去好好釋放抒發憤怒。

生氣需要被感受，需要用安全的方式被釋放，而不是被評價。

10

吸氣……吐氣……
度過悲傷暴風圈

情緒就像天氣一樣，
不管是晴天還是颱風下雨，都無法改變天氣。
我們能做的，就是接納、耐心等待，
等候這一波悲傷的暴風雨過去。

「我記得我四歲時的生日願望是，希望下一次生日的時候，我可以不用活著。」

我看著眼前坐在沙發上的艾莉，今年三十七歲的她，抬起頭來看著我，眼眶充滿淚水。她的這句話像一塊大石頭砸在我心上，我無法想像一位四歲的小女孩，心中到底是承受多大的痛楚，才會許下這樣的生日願望。

每一個孩子都需要被保護、被好好照顧，這樣一個我認為理所當然的事，對許多人來說卻非常奢侈。對艾莉來說，「家」是個夢魘，是一個她不斷想要逃離的地方。從小，她就想過自殘、自殺，也常常幻想如果自己能夠被綁架該有多好，這樣就可以離開家。

在各種虐待中，情緒虐待其實很容易被忽略，這不像肢體暴力會留下傷痕和瘀青，情緒傷害看不見傷痕，找不到證據，卻能重重擊垮一位孩子。

「我媽媽和姐姐們很常打我，不僅如此，她們每天不斷對我說：『你笨死了！』『你是智障嗎？』『什麼都不會，真是沒用！』『你醜死了！』『你有夠胖！』『整個家都被你搞砸了。』」艾莉停頓了一下，然後哽咽地說：

「我不知道為什麼我媽媽和姐姐們可以這麼恨我。」

「整個家裡唯一讓我感受到安全的人，是我的爸爸。在我爸爸面前，我才感覺我是一個『人』。但是爸爸在我八歲的時候生病住院，不久就去世了，世界上唯一讓我感到安心的人消失了。」艾莉開始大聲哭泣，身體抽搐顫抖。

艾莉現在的內心世界颳起了暴風雨，她就像是大海上進入暴風雨的獨木舟，在波濤洶湧的海面，一個又一個情緒巨浪朝她襲擊而來。我要幫艾莉做的事，就是撐過這場暴風雨離去。

一次，一個深呼吸就好

「我現在該怎麼辦?」艾莉哭著說。

「艾莉，現在悲傷浪潮正朝你撲過來，你要做的事情，就是去感受悲傷。你不需要做任何改變，只要去感受悲傷在身體裡的感覺。記得我教你的深呼吸嗎?吸氣四秒鐘，吐氣八秒鐘。你現在慢慢開始吸氣……再慢慢吐氣……把注意力放在吸氣和吐氣時的感覺，一次做一個深呼吸就好。」我輕柔地引導艾莉做深呼吸，等待悲傷暴風圈走過。

當情緒非常劇烈時，你就像是大海中暴風雨下快翻船的獨木舟，這時候劇烈的痛楚讓人難以承受，常常會讓人覺得自己無法再撐過下一分鐘了。那個當下，痛苦把你壓得喘不過氣，你看不見未來，覺得事情不可能改變，認為自己撐不過去、再也沒有希望了。

但是，一次做一個深呼吸，做完一個後再做下一個，專注於吸氣與吐氣的感受就好。當你能夠持續吸氣與吐氣，就可以撐過這一分鐘，再到下一分鐘。一分鐘以前，你覺得不可能撐過這些痛楚，但是你度過了，於是覺得或許撐過下一分鐘也是有可能的。慢慢的，那些看似不可能的未來浮現出來。

一陣子後，艾莉緩和穩定下來，我感覺這波悲傷暴風圈已經離開。「我覺得我現在胸口的壓迫感減輕了很多。」艾莉說。

十分鐘前，艾莉認為一旦讓自己去感受悲傷，就會停不下來；但是唯有實際去感受情緒，艾莉才能夠體驗到：沒錯，情緒來了很痛苦，但是她有辦法度過。

很多人害怕去感受悲傷，原因就和艾莉一樣——怕一旦開始哭，就會無法遏抑。但是，不管多麼劇烈，每一種情緒都是暫時的，只要情緒有被好好感受，就會散去。

吸氣，吐氣，一次一個深呼吸，再做下一個深呼吸，你就可以撐過悲傷暴風圈。

所有情緒都是暫時的

我自己經歷失去後，有一段期間，內心世界也常常颳著情緒暴風雨。有時候，我會在半夜突然醒來，發現自己心跳很快、胸口很沉重，我會告訴自己，情緒暴風雨又來了。

情緒就像天氣一樣，不管現在是大晴天還是颳風下雨，你都無法做什麼去改變天氣。我們能做的，就是接納、耐心等待、等候這一波情緒暴風雨過去。情緒如同天氣，不管這場暴風雨下了多久，都是暫時的。

當意識到我的內在世界暴風雨又來臨時，我會閉上眼睛，想像自己是大海中那條獨木舟，正在經歷海上的暴風雨。我會不斷告訴自己：「這些暴風雨會過去。」然後提醒自己吸氣、吐氣，一次一個深呼吸就好，專注在深呼吸，我就可以撐到暴風雨離去。

情緒沒有辦法用「思考」的，而是需要去「感受」。這就是為什麼當情緒浪潮來襲時，你不用做任何事或想任何事，因為一旦開始「想」，就進入了思考腦模式，這時候會離感受情緒越來越遠。你要做的，就是去感受。所有情緒都是暫時的，憤怒是暫時的，悲傷也是暫時的，不管這些情緒有多麼劇烈，它終會離去。

當然，這些情緒浪潮出現的方式可能不太一樣，有時候是一個超級巨浪，有時候是小浪一個又一個打過來。你可以試著為這些情緒命名——這是哀傷、這是憤怒、這是羞愧……，然後讓每一個情緒浪潮撲向你，感受情緒襲擊在你身上的感覺，以及感覺浪潮流過你的身體後慢慢離開。

很多人會誤以為，擁有「負面情緒」代表心理不健康，但是，就像我一再強調的，**情緒就是情緒，你沒有辦法控制會有哪些情緒冒出來，而當你試圖「控制」情緒時，其實是在用各種防衛機制壓抑情緒，當這些情緒無法被好好感受，只會累積成更大的傷害**。真正心理健康的人並不是沒有任何負面情緒，而是能夠健康面對和接納各種情緒的來臨。

度過情緒暴風雨

如果人生是大海中的一艘帆船，情緒就是內在世界的氣候。我們無法去控制或改變氣候，唯一能做的就是去接納、等待、度過情緒暴風雨。

當下一次你感覺到內心出現情緒暴風雨時，可以試著這麼做：

一、覺察自己現在有哪些身體感受，然後試著在心中說出這些感受（例如說：「我覺得胸口很沉重。」），專注在為這些身體感受命名。

二、告訴自己：「現在情緒暴風雨來臨了，不管多麼痛苦，所有情緒都是暫時的，暴風雨一定會離開。」允許自己去感受情緒，讓情緒浪潮撲向你。

三、慢慢深呼吸。吸氣四秒鐘，吐氣八秒鐘，專注在自己的呼吸上，一次做一個深呼吸就好。

四、持續深呼吸，持續觀察身體感受，直到你覺得浪潮離開了。有時候，一波浪潮離開後，還會有下一波，請持續上述這些動作，讓自己去經歷每一次的情緒。

11

面對失去，
請讓痛苦有空間伸展開來

哀傷無法被治癒，只能繼續被攜帶在你的生命中。

哀傷不需要被「克服」，

失落與悲傷成為你生命中的一部分，你無法完全放下，

只能攜帶著它，繼續在生命中前進。

當我正準備寫這一篇時，看到有一位讀者在我的部落格上留言。他在幾個月前失去太太，太太因為癌症過世。讀到這個留言，我感覺我的心沉了下來——心碎與哀悼，這是我不知道如何用文字來形容的哀傷。因為不論再怎麼修飾文字，都無法精確去描述那種悲慟的感覺。

經歷失去不僅僅是帶來痛苦，而是把你本來運轉得好好的世界擊碎，就像是你的內心世界發生了大地震，毫無預警的一陣天搖地晃後，本來平穩的道路突然裂出大洞，讓你掉入黑暗的洞穴中。前一秒你還站得穩穩的，但是下一秒卻伸手不見五指，不知道自己在哪裡；你無法理解發生了什麼事情，你熟悉的東西全部消失，你的世界破碎了。

在失去之後，你熟悉的世界瓦解，再也回不去本來的模樣。

哀悼沒有時間表，也沒有一定的方式

「我的哥哥，一個多月前去世了……」話還沒說完，安琪就大哭了起來。這是春季學期開學的第一週，安琪今年大學四年級，這是她在大學的最後一個學期。

一個多月前，那大概是美國感恩節那幾天。不管是感恩節或聖誕節，都是家族團圓的日子，而安琪和她的家人卻經歷了這麼重大的失去，這讓我感覺心頭越來越沉重。安琪那健康年輕的哥哥，在某一天晚上出門後發生意外，再也無法回家了。

事情發生後，對安琪來說一切都很模糊，只依稀記得半夜聽到母親的尖叫聲，坐在車子裡趕去醫院，醫生來到等候室宣布哥哥逝世，爸爸在醫院裡失控吼叫；回到家後，好像每天都有許多人來家裡，聲音吵雜、畫面模糊，她不記得每個人做了什麼，或是跟她說了什麼。

「他是一個很棒的人，我什麼事情都會跟他說。有一次我失戀時，他二話不說立刻開五個小時的車到學校接我回家。」對安琪來說，哥哥是她的避風港，她可以安心倚靠的港口，而讓她安心的人突然消失不見，她的世界開始天搖地晃，站也站不穩。

「在今天之前，我很少哭。」安琪擦乾眼淚說：「我其實很麻痺沒有什麼感覺，在哥哥去世後，我完全不敢看他的照片，或是點開他的臉書，也不敢碰觸他的物品，不敢進去他的房間。我想我現在應該是處在『否認』階段。」在大學諮商中心，常常會碰到非常理智的個案，他們會用上課所學的知識來分析自己，安琪就是其中一位。

美國心理學家庫伯勒-羅絲提出「哀傷五階段」——否認、憤怒、討價還價、沮喪、接受。許多人會誤以為哀悼過程一定要照這個步驟走，走到「接受」這一步，就應該被「療癒」了，一切就沒事了。但是，哀悼並沒有時間表，也沒有一定的方式或步驟。庫伯勒-羅絲博士長期在醫院裡觀察臨終病人，而提出這五個階段，她只是想讓大家知道，在哀悼中的人，有這些情緒都是正常的。但是社會大眾卻誤以為哀悼需要照著這樣的程序一步一步走，最後一定要接受，然後就應該復原。

然而，**面對哀悼並沒有特效藥**，我所要幫助安琪的，是讓她去感受哀悼的痛苦，去允許自己擁有各種感覺。哀傷是愛的延伸，不管是對自己的愛、對他人的愛或對生命的愛。**哀傷是給不出去的愛，因為有愛，所以才會悲**

慟，才會痛。

哀悼中，請允許自己擁有各種感覺

在我居住的美國賓州，冬天又長又寒冷。每年到三、四月，我都會開始期盼春天到來，期待氣溫稍稍回暖，期待枯枝上能冒出一點點綠葉。而冬天進入春天的這段日子，天氣總是變化很大，非常陰晴不定，一會兒回暖，一下氣溫又驟降，一會兒颳風下大雨，一下出太陽，或是又突然下起大雪，而這樣難以捉摸的天氣常常會讓人很氣餒和失望。

哀悼的過程，就像是冬天邁入春天的天氣，起起伏伏，無法預測。在幾天陽光普照後，你以為自己好多了，但接下來好幾天卻又下起大雨，氣溫驟降，你再度掉回谷底。

在諮商安琪的那個學期，我在做的事就是幫助她去接納起起伏伏的情緒，以及去傾聽與接納腦海中冒出的各種聲音：

「當我的朋友對我抱怨他們的挫折時，我常常會覺得很惱怒，我心裡會想著：這種芝麻小事有什麼好難過的？」

「我覺得我真的是很糟糕的朋友，根本不想傾聽別人的無病呻吟和抱怨。我以前不是這樣的，怎麼會變這樣？」

「上禮拜我朋友在抱怨她哥哥對他有多糟糕，我其實心裡很生氣。你還有一個哥哥，為什麼不好好珍惜？我什麼都沒有了！別人跟兄弟姐妹的感情都不好，但我跟哥哥感情這麼好，為什麼這種事會發生在我身上？」

「那天去超市結帳時，櫃台人員問我有沒有兄弟姐妹，那一瞬間我突然不知道怎麼回答。我不想說沒有，因為這樣好像完全否定哥哥的存在，但是我哥哥死了，我又不能說有……」

「我很氣我哥，他為什麼要跟那些酒肉朋友混在一起，如果他們那天沒有找他出去就沒事了……」

「我的爸爸媽媽現在就像行屍走肉一樣，我為了不讓他們難過，都要裝作自己好好的。從來沒有人關心我現在調適得如何。他們一蹶不振，但是他們還有一個女兒啊！我不夠重要嗎？」

「我不應該對我哥生氣，也不應該對我爸媽生氣，我知道他們現在很痛苦、很受折磨。」

「大家都說他們懂我的感覺，才怪，他們根本一點都不懂，不要叫我快點好起來！」

「我上禮拜過得還可以，沒有太難過。我很怕我是不是又開始麻痺了。我如果沒有那麼難過，是不是就會忘記哥哥了？我不想忘記哥哥……」

哀傷不是「問題」，不需要趕快被「修好」。安琪的每一種情緒和想法都沒有對錯、也沒有好壞，**這些情緒和想法不需要被評價，需要的是一個空間，一個可以讓哀傷與痛苦被看見的空間**。

可惜的是，社會大眾普遍不知道如何陪伴哀傷中的人，所以常常以評價或建議來回應。我有好幾位正在哀悼中的個案，除了要面對自己本身的哀傷外，還要去面對別人的評價。於是，他們乾脆選擇不說，因為這樣就不用去解釋為什麼哀傷這麼痛，也不用解釋為什麼還在痛；假裝一切都很好，比較容易。

好好善待與疼惜自己的痛苦

哀傷無法比較。哀悼是愛的一部分，每一段關係愛的程度不同，哀悼的痛楚程度當然也不同。不管你失去的是家人、伴侶、孩子、寵物、戀情、婚姻、健康、工作……，每一種哀傷痛楚都是真實的，請允許自己去感受每一種情緒。

哀悼不僅僅是失去過去擁有的人事物，還有對未來的藍圖——那些你本來覺得會發生的事，現在都無法發生了。有一次諮商中，安琪哭著說：「我的大學畢業典禮、研究所畢業典禮、結婚、生孩子，我哥哥都不會在了。我的孩子，以後也不會有舅舅了。」安琪失去了哥哥，也失去了本來腦海中的未來樣貌，因為哥哥再也不會出現在她的未來裡。當她之後每次經歷人生重要事情，像是即將大學畢業，對她來說就是一次次被提醒失去的痛苦。

哀傷無法被「治癒」，只能繼續被攜帶在你的生命中。不管過了多久，離開的人事物還是依舊消失，不可能恢復成以前的樣子。哀傷不需要被「克服」，因為失落與悲傷成為你生命中的一部分。你無法「完全放下」（Move on），只能攜帶著它，繼續在生命中前進（move forward）。

美國教授克莉絲汀．涅夫（Kristen Neff）就在她的書中寫到，痛苦（pain）和折磨（suffering）不一樣。她說，感受到痛苦是人生正常的一部分，當痛楚出現時，你需要好好善待自己的痛苦。但是，許多人不願意去感受痛苦，而當我們壓抑痛苦，就會變成折磨。

第一次在書中讀到涅夫教授的這段話時，我心裡納悶著：什麼叫做善待自己的痛楚？這是什麼意思？

然後我發現，當身邊重要的人經歷痛苦時，我們很能夠溫柔對待別人，告訴對方：「你做得很好了！」「我會在這裡陪你。」但是，當自己經歷痛苦時，對待自己痛楚的反應常常是自責與評價——「為什麼我還會有這種感覺？」「為什麼還沒好起來？」然後對自己感到生氣和失望。

涅夫教授在書裡提到，善待自己的痛楚，就是用你對待別人的溫柔方式來對待自己。很多時候，當痛楚出現時，我們都陷入了「思考和想法」中，像是想著：「為什麼他可以這樣對我？」「為什麼這件事情會發生在我身上？」而忽略去覺察「我現在感到痛苦」。

若要善待痛苦，就必須能夠先去承認痛苦的存在。我很喜歡做一件事，就是幫自己的痛苦按摩。每當我覺察到痛楚時（通常是胸膛的沉重感），我會輕輕地按摩沉重的胸口，試著在內心溫柔地告訴自己：「是啊，經歷這些事情真的很痛苦！」不評價，不指責，只需要允許自己去感受冒出來的痛楚和任何一種情緒。

當我們停止壓抑痛苦，當我們給哀痛空間呼吸、讓它舒展開來，當痛苦不需要這麼努力地向你捍衛它的存在、不用一直向你咆哮它應該被看見，一切才能開始改變。雖然不一定是變更好，但卻是讓改變可以開始。

在湖中央，繼續前進

經歷失去後，你可能會發現，不僅僅是失去的人事物，連以前的那個「你」也消失了。你失去了本來的自我，但又還沒發展出新的自我身分，於是在這段轉換的過渡期，你發現自己誰也不是——你感到迷失、困惑、充滿不確定。

我常常用划船來向個案比喻哀悼的過程。這就像是你划船划到了一個湖的中央，已經看不見出發的那個岸，卻也還看不到彼岸，你覺得自己迷失了，不知道自己是誰，以後又會變成什麼樣子？在湖中央看著遙望無際的湖水，你不知道什麼時候會好一點？什麼時候才會看到對岸？

每一種情緒、痛楚、焦慮、迷失、困惑、不確定，都是哀悼的過程。冬天離開，春天來臨，這樣的過渡期代表一個結束與一個新的開始。**失去很痛，而你能做的事情就是繼續哀悼，繼續前進，然後相信繼續划下去，會看到另一端的岸**。

一個學期的諮商結束後，安琪畢業了。幾個月後，來到了感恩節前夕，我收到她寄來的電子郵件，信中寫著，她的生活一切安好，並找了諮商師，繼續哀悼著。

善待自己的痛苦

感受到痛楚是人生正常的一部分。當下一次痛楚冒出來時，請試著溫柔善待自己的痛楚。你可以試著這樣做：

一、覺察自己是否陷入了「思考模式」，像是想著自己又做錯了什麼？哪裡又失敗了？或是想著：為什麼這樣的事情會發生在我身上？為什麼他會對我講那些話？

二、當你意識到自己掉入思考模式後，請把注意力轉到身體的感覺，去覺察「我現在感到痛苦」，然後試著去辨識身體傳遞出哪些感受，像是胸膛很沉重、手臂很無力……等等。

三、溫柔地對自己說：「對啊，發生這樣的事情真的很痛苦，經歷這些真的很痛。」

四、你可以試著輕輕按摩身體感到痛苦的地方，像是按摩胸口、手臂、肩膀。溫柔地告訴「痛苦」：「我看到你了，我聽見你的痛苦了，發生這樣的事情真的很辛苦。」

五、試著傾聽自己：「我現在需要什麼？什麼事情可以讓自己現在好過一點？」然後去做會讓自己舒服一點的事，像是泡杯茶、讀一本書、聽聽音樂、打電話給朋友……等等。

12

帶著恐懼，走進人生沙漠

當恐懼越來越壯大，
我們就越覺得需要待在熟悉的生活圈。
我們成了「恐懼」的囚犯，它掌管我們生活的一切，
規範你該做什麼、不該做什麼。

在幫助個案面對情緒時，除了強烈的情緒暴風圈會令人感到壓迫外，另一個壓迫人的情緒，就是恐懼，尤其是面對「未知」的恐懼。

我常用「人生沙漠」這個詞向個案做比喻。想像一下，你走進了沙漠，在一望無際的荒漠中感到迷失、困惑、恐懼，不知道自己接下來要往哪裡走。我們的一生中都可能有好幾次來到沙漠入口的機會，只是很多人就站在那裡，不敢踏入沙漠。

當我見到蘿拉時，她就是站在這個入口。

在沙漠的入口處擺盪

「我不知道該跟我的未婚夫結婚，還是該分手……」目前正就讀研究所的蘿拉緩緩地說。

選擇結婚，日子照著原本的計畫走；選擇分手，蘿拉就會讓自己踏入人生沙漠，要面對襲擊而來的未知和恐懼。這樣聽起來，似乎選擇結婚比較令人安心，人生按照規劃走。蘿拉也已經和未婚夫開始籌備婚禮，但是她心裡頭不斷有個聲音告訴她：「離開這段關係！」

「我和他常因為要不要有小孩吵架。我不要有小孩，因為我的身體疾病，懷孕對我來說是危險的事，身體狀況也讓我無法照顧新生兒，唸完碩士班我還要繼續攻讀博士班，所以不想有孩子，但是我的未婚夫不斷強調一定要有小孩，我們每次講到這個都會大吵架。」蘿拉在諮商室裡激動地說。

我在心中倒抽一口氣。要不要有小孩，這是伴侶關係中一項非常重大的決定。蘿拉和她的未婚夫在這個議題上沒有共識，卻已經開始籌備婚禮。要不要有小孩沒有對錯，每個人都有權利追求自己想要的生活。蘿拉有權利追求自己想要的專業領域和事業，同樣的，她的未婚夫也有權利追求想要的家庭樣貌。這應該是伴侶兩人邁入婚姻前該有的共識，不應該由其中一個人犧牲自己來成全對方。

隨著婚禮慢慢籌劃，蘿拉越來越焦慮，心中要分手的聲音也越來越大。每個禮拜的諮商會談，她都在結婚和分手的決定間來回擺盪。

「我們上禮拜又因為要不要有小孩大吵一架。我同意我可以領養一位年紀大一點的孩子，他卻堅持要自己生。我的身體狀況如果經歷懷孕會很危險，為什麼他無法站在我的角度想？」蘿拉的鐘擺擺到選擇分手那一端。

隔次會談，鐘擺又晃回了選擇結婚那側。「我們這週末一起去度假。我們在一起好幾年了，我很愛他，他也很愛我，我們也繼續討論婚禮的事。」蘿拉說。

但是，只要談到孩子，鐘擺就會再來到分手那一端。「他上禮拜對我大聲吼叫，我覺得他根本不了解我為什麼不想要有孩子，他根本沒有聽我說話。每次生氣時，他就會突然暴怒，讓我不敢再提起這個話題。這是我們之間溝通的常態，只要他不爽就暴怒，我就什麼都不敢講下去。我們兩個根本無法溝通！」蘿拉激動地說：「我決定下禮拜考完試後好好跟他談，如果他還是堅持要有孩子，我就跟他分手！」

是你做決定，還是恐懼在做決定？

伴侶關係是很常見的諮商議題，而身為一位諮商師，我要很小心謹慎，不讓自己的意見影響個案。蘿拉到底該分手還是結婚，我當然有我的看法，但是，諮商的主角是個案，我需要幫助她自己做決定，而不是將我的主觀想法灌輸給她。

要分手還是結婚？若要好好做決定，蘿拉必須去碰觸內心的情緒，去傾聽這些情緒在告訴她什麼。

在情緒變化三角底端，有許多核心情緒等著蘿拉去感受——分手的痛苦、離開未婚夫的內疚、失去熟悉生活的哀傷、面對分手後一切未知的恐懼和害怕、覺得未婚夫不關心她的憤怒……等等。要真正去碰觸這些情緒讓她太過恐懼，於是蘿拉停留在她的防衛機制上——飛快地講話、不斷思考與分析。因為當她停留在思考模式，就不用去感受。

我感覺到，蘿拉想要離開這段關係，這個念頭已經累積許久。但是，分手表示要打破長期以來熟悉的生活樣貌，意味著把自己丟進沙漠，去面對未知與迷惘。理性上，蘿拉想離開，但情緒上，分手後要感受的痛苦和恐懼實在是太壓迫了。她站在沙漠口，躊躇不前。

蘿拉的情緒變化三角

防衛機制

不斷地講話、思考與分析。

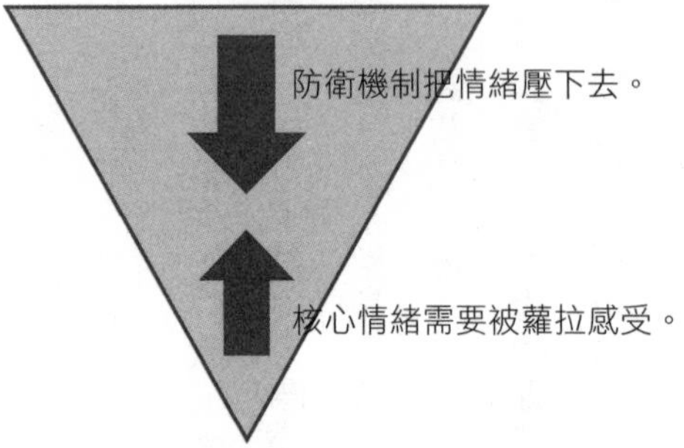

防衛機制把情緒壓下去。
核心情緒需要被蘿拉感受。

核心情緒

痛苦、內疚、哀傷、恐懼、憤怒……等等。

因為害怕「改變」，許多人選擇繼續留在舊有的生活樣貌，繼續待在讓自己痛苦的關係或婚姻中；留在沒有熱忱的工作裡，每天重複枯燥無意義的日子。原有的生活雖然讓人不開心，但是至少令人感到熟悉。「未知」很讓人恐懼，而「熟悉感」安心親切多了。

要分手還是結婚，蘿拉最後做任何決定都沒有對錯，但是，如果蘿拉是因為不敢面對改變而選擇結婚，那就不是蘿拉自己做決定，而是「恐懼」在替她做決定。

擁抱恐懼與未知

人的一生中都可能有好幾次站在沙漠入口的機會，但不是每個人都會選擇走進去。進入沙漠，意味著要打破熟悉的生活。大部分的人都不喜歡改變，所以很多人最後選擇離開沙漠入口，回到本來的生活樣貌。

我也回想起自己人生中的幾次站在沙漠入口經驗。

大學四年級，我來到了沙漠入口。當時的我就讀生化科技學系，在同學們都開始準備申請研究所時，我對於是否要待在這個領域感到焦慮與徬徨。我感覺自己對這個領域沒有熱忱，但是轉換跑道意味著要放棄我熟悉的領域。雖然我覺察到自己對諮商有興趣，但很害怕如果真的改學心理諮商，之後卻發現不喜歡，那該怎麼辦？面對未知和不確定，我十分恐懼，於是，那一次站在沙漠入口，我轉身離開，回到熟悉的生活——和許多系上同學一樣，準備申請美國生化相關研究所。

因為對未知與不確定感到害怕，所以不敢改變，相信許多人站在沙漠入口都是這種心情。那樣的恐懼太劇烈，所以寧願選擇回到熟悉的地窖。而我回到熟悉的生活後，雖然不用面對未知，卻一點都不快樂。每天浸泡在沒有熱忱的實驗室工作中，感受到沉重的身軀卡在一個裂縫，動彈不得。

當我申請上了美國生醫博士班時，再度來到沙漠的入口。我看著入學許可信，感覺不到興奮。一路以來，我的情緒不斷傳遞訊息，告訴我對什麼有熱忱、對什麼沒興趣，只是我都沒有仔細聆聽。或者說，「恐懼」讓我不敢去觸碰情緒，因為一旦聆聽情緒所傳遞出的訊息，就意味著要去面對、改變。但這一次，我決定聆聽情緒，即使充滿恐懼，但我想嘗試與恐懼共處，讓自己走進沙漠，踏入一個未知的世界。

一直以來，蘿拉的情緒都在告訴她，在這段關係裡她不快樂。但蘿拉不願意去傾聽，因為去傾聽就意味著要改變，可能會分手。許多人就像蘿拉一樣，害怕未知與改變後伴隨來的痛苦，所以不敢踏進沙漠。當恐懼越來越壯大，就越覺得自己需要待在熟悉的生活圈裡。於是，我們成為恐懼的囚犯——恐懼掌管了生活的一切，規範你該做什麼、不該做什麼。

讓情緒成為你的導航

「未知」如此可怕，是因為我們認為「應該知道接下來要做什麼，人生應該照著計劃走」，卻忘記生命本來就充滿變化，很多事情我們無法掌控。

尤其在台灣，許多人在大學畢業前就像爬梯子，眼前只有一條路，就是繼續往上爬——考高中、考大學，甚至念研究所，未來都已經規劃好了，沒有太多選擇。很多人在大學或研究所畢業後，發現眼前的梯子消失了，於是感到慌亂與迷惘，就像站在沙漠入口，遲遲不敢踏進去。

面對未知雖然恐懼，但是，這些人生沙漠，往往是帶來劇烈轉變的重要契機——進入沙漠可能會改變你的人生旅程、生活樣貌，或是與人相處的方式。就如同面對情緒暴風雨一般，我們進入沙漠時，也要學習與恐懼相處，在未知與迷惘中，繼續傾聽情緒傳遞出的訊息。

在沙漠中，可能不知道該往哪裡走，但其實情緒就是你的導航。持續聆聽與感受內心的情緒，你就能夠一步一步慢慢走，走到下一個你可能從來沒

想過的新世界。

現在的蘿拉站在沙漠入口，她需要讓自己願意去感受情緒，知道她有能力去面對各種情緒，然後真正去聆聽自己內心的聲音，才能為自己做決定。

你可能會好奇，最後蘿拉到底選擇結婚還是分手了？

結局是什麼，我也不知道。這是在大學諮商中心工作常見的狀況。每當一個學期結束，個案可能就離開或畢業了。身為一位諮商師，我在個案的漫長人生中與他們相會一小段時間；我的工作不是幫他們做決定，而是讓他們有能力自己做決定。

我不知道蘿拉的故事結局是什麼，但是我知道，一旦蘿拉能夠面對情緒、去接納未知與害怕，她就能夠做出最好的決定。

如果人生是一本書，不管是結婚或是分手，都只是蘿拉這本書的某個章節結尾而已，接下來，她的人生還會經歷各種事情。如果蘿拉能夠學會感受情緒，讓情緒成為人生方向的導航，那麼她就能夠繼續撰寫自己的故事，而不是由恐懼來決定她的人生。

13

是過去還是現在？創傷似乎不曾離去

創傷無法比較，痛苦也無法比較，
所有感受和情緒都是眞實的。
不管以前發生什麼事情，
你的經歷都是眞實的，感受都是重要的，
這些情緒都需要好好被傾聽，而不是被評價或是埋藏。

二〇一八年九月二十七日，那天我在機場準備轉機前往一個研討會。走去登機門的路上，遠遠的，我看到一大群人圍在一間商店前。當我靠近時，看到每個人都盯著商店內的電視，電視裡的白人男性說：「我從來沒有性侵過任何人！」

這位白人男性是布雷特．卡瓦諾（Brett Kavanaugh），當時被提名為美國最高法院大法官，後來也被選上。九月二十七日大家守在電視前看的是一場公聽會，美國加州帕羅奧圖大學教授克里斯汀．福特（Christine Ford）在公聽會上述說在她十五歲時，當時十七歲的卡瓦諾對她性侵犯的事。在一場派對中，卡瓦諾將她拉進房間內，把她壓在床上觸摸她的身體、要脫掉她的衣服，當她想要尖叫時，卡瓦諾把她的嘴巴摀住，讓她覺得快要窒息。

三十五年後，福特教授終於說出了在她十五歲時發生的性創傷。就算已經過了三十五年，這個創傷似乎不曾離去。福特教授說，這個性創傷，讓她在大學期間成績低落，讓她經歷焦慮、創傷症候群等症狀，也影響了她的婚姻。福特教授說她非常努力想要壓抑這個回憶，因為，「一旦想起這個記憶，就好像又重新經歷被性侵犯」。

對於福特教授願意公開談論性創傷，我非常敬佩。我知道要說出被性侵害是一件很不容易的事情，更何況是讓大家看到自己最脆弱的那一面。另一方面，我也知道當性侵倖存者說出來時，等於是把自己暴露在社會大眾前，要接受自己無法掌控的各種社會輿論。一點都不意外地，社會上掀起一陣譴責福特教授的批評和攻擊。

不曾消失的創傷

「你有關注福特教授的新聞嗎？我不敢相信卡瓦諾當選最高法院大法官！為什麼這樣的人可以當大法官？這兩個禮拜的新聞讓我好難受。」艾倫進到諮商室裡，一坐下就激動地說。

今年大學四年級的艾倫，在大學二年級受到性侵犯。這幾個禮拜，她讀了對福特教授的輿論批評，以及看到最終卡瓦諾當選最高法院大法官，這些訊息似乎都在告訴她，這位性侵倖存者：「你的經歷一點都不重要！」

「我覺得實在太不公平了，為什麼他做了這麼過分的事卻不用承受任何後果，還可以當大法官？當初侵犯我的那個人，現在也過很好的日子，而我卻繼續被創傷影響，每天焦慮、憂鬱、覺得是自己的錯、覺得我是個很糟糕的人。」艾倫說。

不只是艾倫，也有其他經歷性侵的個案說過類似的掙扎——性侵事件後，加害人繼續過著本來的生活，好像什麼事都沒發生過。但是，這些性侵倖存者的世界卻被摧毀，再也回不去本來的生活樣貌。更令他們無助的是，大家似乎更在意性侵案件可能會摧毀了加害者的光明未來。

今年二十一歲的艾倫，在十九歲參加一場派對時被性侵害。在派對中，另一名男生用非常粗暴的方式對待她，強迫她發生性行為。雖然她在抵抗後並沒有讓對方得逞，但是這個恐懼已經烙印在她的身體裡。這兩年來，艾倫偶爾會在校園裡遇到那位男生。「每次看到他時，我就會全身發抖，覺得自己好像回到被他壓制的當下。」艾倫說。

「一般記憶」和「創傷記憶」不同。一般記憶停留在「過去」，譬如當我想起昨天晚餐吃什麼時，我的大腦知道這是發生在過去的事情。但是創傷記憶混淆了你的「過去」與「現在」，你的理性腦知道創傷發生在過去，但是你的情緒腦卻認為創傷正在發生，於是，你的身體回到了創傷發生當下的反應，引發同樣的身體感受、情緒和想法，就好像創傷正在發生一樣。就像艾倫在校園裡看見那位男生會開始全身顫抖，還有福特教授在公聽會上述說：「一旦想起這個記憶，我就好像重新經歷一次創傷。」

當被觸發創傷記憶時，就好像創傷正在發生

對艾倫來說，她心裡一直覺得自己很沒用。「都已經過兩年了，但我還是一直被影響，我是不是有問題？」

而看到福特教授的新聞也讓艾倫非常訝異。這位在大學當教授、擁有高成就的女性，過了三十多年依舊被創傷所影響。

美國精神科醫師貝塞爾．范德寇（Bessel van der Kolk）曾經做過一個實驗，研究人員邀請曾遭受創傷的受試者來錄製描述創傷事件，然後測試這

些人在聽錄音時的身體反應。其中一位女性受試者，十三年前在一場車禍中失去了女兒和肚中的孩子，而當這位女性一聽到描述車禍的錄音，就開始心跳加速，身體大量分泌壓力賀爾蒙，全身顫抖，大腦掃描也顯示她的大腦負責語言的「布若卡氏區」關閉，並且杏仁核非常活化，也就是說，光是聽到描述創傷事件的錄音，她就進入「攻擊—逃跑—凍結」（Fight-Flight-Freeze）的狀態，她的身體回到那個創傷發生的當下。

不管時間過多久，如果這些創傷沒有被處理，都還是可能會被觸發。當你的大腦接收到熟悉的畫面、氣味、味道、聲音，就以為創傷正在發生，於是你的身體回到創傷發生的當下，而這些都是經歷創傷後的正常反應。

每當艾倫看見那個男生，她的情緒腦就會認為創傷正在發生，讓她的身體進入「攻擊—逃跑—凍結」狀態。艾倫需要學習的是，在覺察到自己被觸發「回到過去」時，讓自己「回到現在」。

我告訴艾倫，當她意識到自己進入「攻擊—逃跑—凍結」狀態時，先找一個地方坐下，開始做深呼吸。正確的深呼吸方式是要用腹部呼吸，吸氣時肚子向外脹，吐氣時肚子縮回。吸氣四秒鐘，吐氣八秒鐘，慢慢專注在空氣進入鼻腔及吐出氣時的感覺。一邊深呼吸，一邊用雙腳用力踩在地上，去感受腳底壓著地面的感覺，也可以在心中對自己說：「我現在是安全的，我現在是安全的。」

當艾倫有辦法讓自己穩穩地踩在「現在」，我們才能去處理過去的創傷。如果當個案還無法讓自己身心穩住，諮商師就強迫個案去談論創傷，那麼很可能讓個案掉回創傷事件中，再度受創。

就算不是被強暴，你的感受都是真實的

「我常常會覺得，我發生的事情根本不算強暴，沒有那麼嚴重，沒什麼大不了。我太敏感了，根本不應該有這些感覺。」艾倫繼續說：「另一方面，我其實一點都不想承認這件事曾經發生在我身上，如果承認我被性侵犯，那麼這件事情就是真的，我就要去面對那些羞愧、痛苦和自責。而如果否認、告訴自己這其實一點都不嚴重，我就不用去面對這些情緒，這樣好像

比較輕鬆。」

在諮商會談中，我也用情緒變化三角幫助艾倫認識什麼是防衛機制、什麼是核心情緒。幾次下來，艾倫覺察到，那些內心告訴她「這一點都不嚴重，我不應該有這些感覺」的聲音，是讓自己不用去感受情緒的防衛機制。

的確，以法律定義來說，發生在艾倫身上的事不算「強暴」（Rape），發生在福特教授身上的事情也不算是，但是，就算不是強暴，也不代表這些性侵犯的行為可以被接受。在這篇文章中，我使用「性侵犯」（Sexual Assault）這個詞，指的是任何和性有關的侵犯行為。任何形式的性侵犯，都可能對一個人造成極大的創傷和影響。艾倫及福特教授的感受都是真實的，她們的所有情緒都需要被好好感受，而不是被評價。

福特教授說，她當時沒有通報，是因為覺得自己並沒有被強暴。我諮商過許多經歷性侵犯的個案，也常聽到她們說：「發生在我身上的事沒那麼嚴重，我不應該覺得難受。」甚至，曾經有一位個案對我說：「我有一位朋友被強暴，我受到的只是性侵犯，當我鼓起勇氣想要說出我的經歷時，反而會覺得很丟臉，因為我沒有被強暴，我的故事根本不夠嚴重。」

然而，創傷無法比較，痛苦也無法比較，不管我的每一位個案以前經歷哪些創傷或痛苦，他們的所有感受和情緒都是真實的。我也想告訴現在正在閱讀本書的你，**不管以前發生什麼事，你的經歷都是真實的，你的感受都是重要的，這些情緒都需要好好被傾聽，而不是被評價或是埋藏**。如果你意識到創傷仍然對你造成很大的影響，我也鼓勵你可以考慮尋求一位受過創傷治療專業訓練的治療師，協助你處理創傷。

三十五年後，福特教授準備好了，五十歲的她，終於能夠去擁抱那位受創感到恐懼的十五歲少女。

如果你願意，你也有能力去捍衛與呵護內心受創的那位孩子。

14

剝開一層一層的情緒，
羞愧藏在底下

很多時候，情緒就像洋蔥一樣，一層包著一層。

哪些情緒在外層或內層都不一定。

把情緒洋蔥一層一層剝開，焦慮、憤怒和恐懼會慢慢出現，

而在恐懼身後，我看到了羞愧。

「我最近覺得壓力很大，工作做不完，這幾個週末都要跟朋友聚會，讓我非常焦慮。」三十七歲的潔西一進諮商室就坐在沙發上，倒吸一大口氣。

「很多時候，我們會感到焦慮，是因為底下有好幾種核心情緒需要你的關注，你願意花一點時間去感受一下焦慮底下有哪些情緒嗎？」我邀請潔西閉上雙眼，深呼吸，試著去和焦慮共處。

過了一會兒，潔西把手放在胸口上說：「我在胸口感受到憤怒，我很氣我的主管，她對我們要求很多很不合理的事。」

當潔西和焦慮待在一起夠久，她就感受到躲在焦慮背後的憤怒。看著潔西從一開始無法覺察情緒，到現在能夠辨認並觸碰情緒，讓我很開心。我也一再從每位個案身上看到，當你越練習覺察情緒，就越能夠去感受。

「花一點時間和生氣待在一起。」我再度邀請潔西閉上眼睛，去看看除了憤怒之外，還有哪些情緒？一會兒之後，潔西開始掉眼淚。我輕輕地問她：「現在身體有哪些感受？你觀察到什麼？」

潔西張開眼睛說：「我覺得很恐懼，這個週末要和朋友一起開車到另一州旅遊，行程都是我朋友規劃，我不知道要去哪裡、會去吃哪些餐廳，這都讓我很恐懼。」

「聽起來，內心有一部分的你對『未知』和『無法掌控』很恐懼。」我說。潔西回我：「對！我需要知道有哪些行程、要做什麼，如果是做我做過的事情、吃我吃過的餐廳，那我就不會這麼恐懼了。」

「你願意花一點時間去注意那個『害怕未知』的部分嗎？你在身體哪裡感受到這個『害怕未知』？它有任何圖像或顏色嗎？」我問。

「橘紅色，就像是警報器在閃一樣。」潔西回答。潔西內心有一個橘紅色警報器，每當遇到未知或無法掌控的事情，就會開始發出警訊。我想幫助潔西更認識這個警報器。「如果這個警報器可以說話，它會告訴你什麼？」

「警報器說：『你必須要能掌控接下來要做什麼，如果是遇到沒做過的事情，你就會做不好，這樣大家就會發現原來你很笨、很糟糕。』」潔西說。

「聽起來，有另一部分的你背著很沉重的羞愧感，這個羞愧認為：如果你不夠好，或是被大家發現你不夠好，那麼就不會被接納、被喜歡。」我說。潔西看著我，點點頭，然後開始啜泣：「如果大家知道我有這麼多問題——這麼憂鬱和焦慮，就不會有人想要跟我在一起。」

很多時候，情緒就像洋蔥一樣，一層包著一層。當潔西能夠和焦慮待在一起夠久，焦慮消去後，憤怒出現了；和憤怒待在一起夠久後，恐懼才浮出來。哪些情緒在外層或內層都不一定，可能與我們的成長經歷有關。譬如說，對於男性，生氣是比較被社會接納的情緒，所以較多男性可能會用憤怒來包裝悲傷。而女性則從小被教導要溫柔，不可以生氣，就可能用悲傷來包裝其它情緒。

當潔西把情緒洋蔥一層一層剝開，焦慮、憤怒和恐懼慢慢出現，而在恐懼身後，我看到了羞愧。

羞愧是……

「羞愧」（Shame）是什麼？專門研究羞愧的美國社工系教授布芮尼·布朗曾經詢問她研究的受訪者，請他們填寫「羞愧是＿＿＿」（Shame is…）

這個句子。有些受訪者回答：

- 羞愧是我被革職了，然後我需要告訴懷孕中的太太。
- 羞愧是我的先生和我的好朋友外遇了。
- 羞愧是我有不孕症。
- 羞愧是我的太太要跟我離婚。
- 羞愧是我有酒癮問題。
- 羞愧是我在工作上沒有升遷。
- 羞愧是我的學歷很糟，而且還曾經輟學。
- 羞愧是我曾經被性侵，對象還是我的爸爸。
- 羞愧是我有憂鬱症。
- 羞愧是我很胖，長得不夠漂亮。
- 羞愧是全家人都有博士/碩士學位，只有我沒有。
- 羞愧是在公共場合對著孩子大吼大叫。

羞愧是每個人都有的情緒，也是一個大家都不想談論、想推開的情緒。布朗教授解釋，羞愧是「我們恐懼如果自己不夠好、不夠完美、沒有達到別人眼中的期待，那麼我就不會被接納，不會被愛。」每個人都需要連結和歸屬，這是人類生存的重要需求，而當這份連結被拒絕，當我們的存在不被接納時，這是非常痛苦的。

羞愧是非常痛苦的情緒，這是一個人面對被拒絕時身體產生的反應。有人形容感到羞愧時「想把自己縮小躲起來」、「覺得很丟臉，想要鑽個洞藏起來」，以及那種感覺就像是「自己全身赤裸裸地暴露在眾人面前」。

如果你願意，可以試著填寫這個句子：「如果被大家知道＿＿＿＿，那麼我就沒臉見人了」。在這個空格裡你填的東西，就是產生羞愧感的來源。很多人會誤以為羞愧（Shame）和內疚（Guilt）相同，但是這兩種情緒有很大的差別。**內疚是針對一個人的「行為」，而羞愧是針對一個人的「價值」**。當一位孩子做錯事時，感到內疚的孩子說：「我做錯事了。」而感到羞愧的孩子則是說：「我是一個很爛的人。」

潔西形容她的羞愧是一坨很髒、很噁心又油膩的黑色物體。羞愧告訴她：「你永遠不夠好，你沒有價值，你很醜陋又很胖，你很破碎，你很糟糕，沒有人會喜歡你。」因為羞愧實在太痛苦，潔西需要努力地把羞愧掩藏起來，於是，她刻意讓自己隱形，小心翼翼不能犯錯，無時無刻都在分析自己有沒有得罪人。

當童年傷害變成了羞愧

我們並不是一生下來就帶著羞愧，而是後天學來的，是那些成長過程中不斷被拒絕、被傷害的經驗，讓我們內化出很深的羞愧感：「『我是誰』並不被接受，我很糟糕。」

潔西在一個充滿情緒虐待的家庭中長大，從她有記憶以來，父母每天對她批評與羞辱：「你怎麼這麼笨？」「你醜死了」「你有夠胖！」「你怎麼什麼都做不好？」「你真是沒用，丟盡我們家的臉！」小女孩潔西無法理解「父母這樣對我是情緒虐待」，她感受到的是「我是個很糟的人」。這些日常生活中長期累積起來的經驗，讓潔西揹著厚重的羞愧感——這坨又髒又噁心的黑色物體不斷告訴她：「你一點價值都沒有。」

在台灣，我也看到許多人肩上背著深深的羞愧包袱。成長的經驗告訴他們：「當我滿足父母的條件和期望時，才會被接納、被愛。」這些期望包含著好成績、好學歷、好成就。當然，父母不會直接對孩子說：「我的愛是有條件的。」而是從每天生活的互動來傳遞這些訊息，像是成績好時歡欣喜悅，考差時責罵孩子，平常的談話內容都是：「好好用功讀書！」「怎麼成績又變差了？」「誰誰誰的成績那麼好，為什麼你做不到？」

當父母無法愛孩子的全部，只愛孩子的某一部分，這就是有條件的愛。當愛變得有條件，那些「不被接納的部分」就成了羞愧。潔西的成長過程中從來沒有被接納，於是，她痛恨自己，覺得自己很噁心，她形容自己就是那坨骯髒的黑色物體。

接下來的諮商，我帶著潔西慢慢去靠近羞愧——那坨骯髒的黑色物體。每當我們又接近一點，潔西就可能出現其它防衛機制阻止她去感受羞愧，畢竟羞愧感實在太令人痛苦了。這個社會上許多人因為不想面對心中的羞愧，發展出完美主義、自傲、自戀、對人輕蔑或歧視，這些都是推開羞愧的防衛機制，但也因此而傷害了其他人。

在接納與同理中說出羞愧，羞愧才會消失

最後，當潔西終於站到那塊骯髒的黑色物體旁時，她發現這坨又髒又噁的黑色物體，其實是一位四歲的小女孩——四歲的她，背負著來自父母的貶低、輕視、羞辱等厚重包袱。

潔西今年已經三十七歲了，但那位內在小女孩卻被困在四歲，繼續用四歲小孩的認知活在無時無刻可能會被羞辱的恐懼中。她每天告訴潔西：「你很噁心，沒有人愛你。」為了不要去感受這位小女孩的痛苦，潔西內心那個「橘紅色警報器」每天都嗶嗶作響地告訴她不能犯錯、不能有自己的意見、要把自己隱藏好、不能讓別人看到真實的自己。

當潔西看見那位內在四歲小女孩後，我要幫助現在三十七歲的她，重新

去愛、去呵護那位活在恐懼與無助中的四歲的她，給予這小女孩愛與接納，這是她小時候從來沒得到的東西。

羞愧是每個人都有、卻又不想談論的情緒，而沉默是滋養羞愧的溫床。當你越不敢講，羞愧就越茁壯。羞愧是告訴你：「你有缺陷、沒價值、不值得被愛。」於是你盡力隱藏，害怕如果被人發現那些羞愧，就會被拒絕。

這些羞愧，很多時候是來自童年時期的傷害。我們把身邊大人的不當對待，認為是自己的錯。羞愧感來自那些被拒絕的經驗，而要讓羞愧不再茁壯的方式，就是能夠同理與被接納。當你說出羞愧，如果另一個人能夠完全接納與同理，羞愧就能慢慢消失。這個接納羞愧的人，可以是你信任的朋友、親人，或是心理治療師，**請找到可以撐住空間讓你面對羞愧的人，人需要人，沒有人能夠在孤獨中復原。在人與人的信任和連結上，我們才能療癒。**

15

當別人有情緒，我卻感到內疚

當你做錯事、傷害人時，
內疚感能讓你改正、道歉或彌補自己的行爲。
但是很多時候，當別人擁有負面情緒時，
也讓我們感到內疚和充滿罪惡感
——就算我們根本沒有做錯事情！

身為一位諮商師，這份職業讓我有機會接觸到不同年紀、處在人生不同階段的個案，其中一個我很喜歡諮商的族群就是大學生。大學是一個重要的轉換期，高中畢業、離開家鄉、來到一個陌生環境求學，許多人開始探索自我、尋找熱忱，並且嘗試卸下來自原生家庭的包袱。

在這個轉換期，我看到許多大學生要面對的一大挑戰，就是去劃定自我和父母間的情緒界線——這是我的情緒？還是父母的情緒？

沒機會擁有自己的情緒

今年二十歲的貝蒂，從有印象以來，她的任何情緒都不被父母接納。當小女孩貝蒂表現出任何負面情緒，她的父母總是批評、指責，甚至忽略不理會她。他們總是說：「這有什麼好哭的？」「這有什麼好生氣的？」「不可以害怕！」

成長過程中，貝蒂從來沒有機會好好去辨認與學習情緒，而當一個人沒有機會「擁有自己的情緒」，要劃定自己與他人的情緒界線就更加困難。

貝蒂現在已經二十歲了，她的父母還是用同樣的方式對待她，於是，問題就來了。

貝蒂從諮商中慢慢學習辨認和表達情緒，但是當她用諮商中學會的能力去向父母表達情緒，父母卻沒有能力回應她的情緒。

「我上禮拜五覺得壓力很大，某一堂課的助教對我很不公平，所以我就打電話跟我爸說，結果我爸很生氣地罵我怎麼這麼笨，還說都是因為我跟他說這些，讓他情緒很糟，都是我的錯！」

「我跟我媽講電話時，我告訴她，小時候有一次她羞辱我，讓我覺得很受傷。結果我媽媽罵我說，為什麼現在還要去提以前那些事情？她說我讓她很難過，都是我的錯。」

「我讓我爸生氣，讓我媽難過，這都是我的責任。」對於父母出現負面情緒，貝蒂覺得非常內疚，認為都是她的錯。而我看到的，是她的情緒和父母的情緒攪在一起，沒有界線。

這是誰的情緒？

這是我常在個案身上看到的狀況：個案藉由諮商自我成長，但是當他們回去面對原生家庭或伴侶，卻到處碰壁受挫。

就像貝蒂一樣，她在諮商中接納了解自己的情緒，讓她嘗試改變和父母的溝通方式，但是，當貝蒂表達她所受的傷，我猜想這可能觸發了她父母深層的情緒。為了不用去感受自己的情緒，她父母的防衛機制立刻跳出來指責貝蒂：「都是你害我現在很難受！」

「責怪別人」是一個很常見的防衛機制，我相信在閱讀這本書的你，應該在日常生活中也遇過不少例子。比起要面對自己核心情緒的痛楚，怪罪別人容易多了！另一個也很常見的防衛機制，是把情緒傾倒在無辜的人身上，譬如說你今天在工作上受到老闆不公平的待遇，於是回家後把氣出在伴侶或孩子身上。你氣的是上司，但要對上司表達憤怒太困難，而傾倒在親近伴侶或孩子身上比較簡單。

把自己的情緒歸咎於別人，的確容易許多，因為這樣你就不需要去碰觸藏在底下的核心情緒。然而當我們這樣做，我們也同時把情緒的主導權交給了別人，讓自己陷入一個沒有掌控權、毫無選擇的位置上。**失去情緒的主導權，我們就喪失了面對自己情緒的機會，以及為自己做決定的權力**。

要拿回自己的情緒主導權，就要先去劃定情緒界線——哪些是我的情緒？哪些是你的情緒？然後每個人必須理解：我擁有我的情緒，我要對我自己的情緒負責；同時，我也要讓你擁有你的情緒，為你自己的情緒負責。

對貝蒂來說，她和父母之間的情緒沒有界線，只要父母不開心，貝蒂就認為是她的責任或她的錯。我要幫助貝蒂去建立那條界線——貝蒂可以擁有自己的情緒，而她的父母也可以擁有自己的情緒；貝蒂為她自己的感受負責，同樣的，她的父母也要為自己的情緒負責。

讓別人「擁有自己的情緒」並不是一件容易的事。我很常聽到的回應就是：「可是這樣我會覺得很內疚！」

內疚在告訴你什麼？

內疚是一個很重要而且很必要的情緒。當你做錯事、傷害人時，內疚感告訴你：「我做了糟糕的行為。」可以讓你改正、道歉或彌補自己的行為。但很多時候，當別人擁有負面情緒時，也讓我們感到內疚和充滿罪惡感——就算我們根本沒有做錯事情！

該如何面對「內疚」，其實我自己也在不斷學習。心理諮商是一個很重視自我照顧的領域，因為當一位諮商師缺乏自我照顧而產生專業耗竭時，就可能對個案造成傷害。在當博士生時，要兼顧做諮商、督導學生、研究、教課、寫論文等等，我常常覺得自己的內心在「工作」和「休息」中拔河。

不管是課堂中或網路上各種自我照顧的文章，都在教我們：自我照顧的第一步就是要能夠拒絕人，如果無法拒絕，攬在身上的事情會越來越多，直到無法負荷。但是我發現，「拒絕人」對我來說實在非常困難。

「你能不能多接幾位個案？」「你想不要加入這個研究計畫？」「要不要

一起寫這篇文章投稿期刊?」「你願不願意再多督導一兩位學生?」每當教授、督導、同事詢問我能不能多做一件事情時,我常會先毫不猶豫地答應,然後在答應後的不久開始後悔,在心中漸漸滋養怨氣。

為什麼拒絕人如此困難呢?在慢慢探索自我後,我發現當我把「自己的需求」擺在第一位時(像是我需要時間休息),內心就會覺得愧疚,好像「注重自己的需求」是件很糟糕的事。當然,很多時候我們需要替別人著想、重視別人,但是當我們不斷把「別人的需要」擺在第一位、而持續忽略傾聽自己的情緒和需求時,得到的可能就是內心不斷滋生與累積的憎恨,這不僅僅會影響自己的身心健康,也影響到與家人、伴侶、同事間的關係。

當「內疚」對你說:「你做錯事了。」我們應該認真地去檢視自己真的有犯錯嗎?還是只是在照顧自我?如果是因為注重自己的需求而產生內疚感,就需要更進一步去探究這樣的訊息是從哪裡來。

很多時候,這些訊息來自原生家庭、學校或這個社會加諸在你身上的價值觀。可能你的成長經驗讓你覺得「我的需求不重要」、「如果我不滿足別人的需求，就不會被愛」、「注重自己的需求，就等於自私」等等。尤其這個社會強調女性應該要犧牲奉獻、照顧別人，如果你從小是被灌輸「應該奉獻自我」，那麼，照顧自我就可能充滿愧疚與罪惡。

如果你願意，可以去探索看看這份內疚的背後還有哪些情緒？當我去認識內疚後，我也發現其實內疚背後藏著羞愧。羞愧告訴我：「如果我不夠好，別人就不會喜歡我。」這讓我很害怕拒絕人或讓人失望，因為有一部分的我認為「別人對我失望」就等於「我不夠好」。內疚背後的那個羞愧感，是我真正要去處理的問題。

讓別人擁有自己的情緒

這幾年許多人都在談論「情緒勒索」。勒索者告訴你：「都是你害我有這些情緒。」這讓被勒索者覺得內疚且充滿罪惡感，所以覺得自己必須照勒索者的話去做。這就是情緒沒有界限的例子——你認為，對方不開心的情緒是你的責任。

但是，**每個人都要為自己的情緒負責。當你承擔自己的情緒，也要讓對方可以擁有自己的情緒。**譬如說，我為了自我照顧，拒絕了另一個人要我做的事，我就要能接受他可能會對我產生失望或生氣的情緒。我必須接受對方可以擁有自己的情緒，即使這可能會讓我不舒服，但我不能要求對方不感到失望，也不能因為他感到失望而指責懲罰他。我只能對我自己的情緒負責，而他對他的情緒負責，對方的失望難過不應該由我來承擔或照顧。

當我們能夠分清楚「這個情緒是誰的責任」時，就比較能夠劃清情緒界線。每一個人都有權利擁有各種情緒——你的每一種情緒都沒有錯，但我們需要為自己的情緒負責，而不是叫別人來承擔。

16

不同情緒可以同時存在——不敢被感受的喜悅

喜悅、悲傷、憤怒，可以同時存在，也同等重要。

喜悅不是來自把負面情緒推開，

而是來自感受，給予每一個情緒空間，

去和這個世界與他人連結。

「這個週末我參加了畢業典禮……我大學畢業了。」尼克一進到諮商室後，坐到沙發上對著我說。他的眼中泛著淚。

聽到他畢業的消息，我心頭一陣溫暖。心理諮商這工作（尤其是創傷治療），讓我看到世界上許多殘忍的傷害，但也看見每個人強大的復原力。

大學畢業或許對很多人來說不是一件什麼大不了的事情，但是對於尼克來說，有快兩年的時間，他經歷嚴重的憂鬱症——每天躺在床上、無法去上課、成績一落千丈、被當掉好幾門課、需要延期畢業。那段期間，別人眼中的小事，像是穿上牛仔褲出門，對尼克來說都非常困難。四個月前，尼克用盡力氣讓自己到大學諮商中心尋求協助，開始服用抗憂鬱藥物，然後兩個月前被轉介到我工作的諮商機構。

「你願意花一點時間，去注意現在身體的感受和情緒嗎？」我邀請尼克閉上雙眼去感受。過一會兒後他說：「我感覺到喜悅和驕傲，我對自己很驕傲，好像有一股暖流在我心頭。畢業典禮時，我的父母和爺爺奶奶都來了，我覺得被愛、被重視。」

「如果你願意，花一點時間和這份喜悅與驕傲的感覺待在一起。」我對尼克說。

喜悅也是一個核心情緒，我們常常只注意負面情緒，忽略了也需要好好感受喜悅。尼克閉上眼睛，但很快就張開眼睛，眼神閃爍著恐懼。他看著我說：「大學畢業根本沒什麼了不起啊，而且我還延畢，畢業成績也不高。我的朋友們去年都畢業了，現在都有很好的工作和穩定的伴侶，我是那群朋友圈內唯一去年沒畢業的，每次看到ＩＧ上面他們放的各種快樂照片，我就覺得我根本是個『魯蛇』，我很氣自己這麼沒用。」

喜悅只出現了一下下，然後立刻被悲傷、羞愧、憤怒掩蓋住。

當喜悅觸發痛苦情緒

尼克的反應一點都不讓人意外，這也是很多人面對喜悅的方式——「我不敢讓自己喜悅，因為這根本是不值得慶祝的小事！」或者，當喜悅出現時會立刻感受到恐懼，認為「接下來一定會有不好的事情發生」。

如果你願意，可以回想一下自己是否曾經有過這樣的感覺：當生活一切都很美好時，你開始恐懼下一件不好的事情不知何時會出現。當獲得讓你感到興奮的機會時，你害怕讓自己去感受興奮與期待，因為如果事情最後不如預期，那豈不是會很失望、很丟臉？

也因此我們總不敢讓自己去感受喜悅與興奮，深怕一旦去感受了，某個糟糕的事情就會發生，把這些快樂的情緒通通搶奪走。

對於尼克來說，去感受喜悅是一件很陌生的事。在我開始了解尼克的家庭背景後，更可以理解為什麼他會這麼害怕感受喜悅。

從外人眼裡看來，尼克有一個非常完美的家庭。他的父母都擁有高學歷與令人稱羨的工作，富裕的家境讓尼克從小可以到處出國旅遊，擁有很不錯的物質生活。尼克還有一個非常完美的哥哥，現在在攻讀博士班。尼克記得，從小親戚們都會跟他說：「有這麼優秀的哥哥，你壓力一定很大吧？」「你已經做得很好了，真的不要拿自己跟哥哥比較。」這些意圖鼓勵他的話，在尼克耳中聽來都非常不舒服。

「有這麼成功的父母和哥哥，是什麼樣的感覺？」我問。

「我總是覺得『低人一等』，連我哥哥都會這樣對我說。他說：『我才不會花時間在你這種幼稚的人身上。』雖然他是我哥哥，但我們就像陌生人，平常根本就不講話。」尼克說。

在成長的過程中，尼克沒有機會真正去感受喜悅，因為每一個喜悅的時刻，他都會被提醒：「你不夠好！」於是，當他嘗試讓自己去感受喜悅時，這些喜悅背後的痛苦也被觸發了。

不同情緒，都可以同時存在

在尼克心中，畢業混雜許多矛盾複雜的情緒。

「畢業對我來說是很重要的里程碑，我很驕傲我能夠尋求諮商協助，能夠重回生活、完成課業；但有一部分的我覺得這些讓我很高興的事，對別人來說根本沒什麼。他們心裡想的應該是：『延畢這麼久，尼克終於畢業了呀！』畢竟這幾個月來我完成的事情，根本無法寫在履歷上，根本不是大家認定的成功。」

「另外，有一部分的我很氣自己，為什麼拖這麼久才去求救？兩年前我去了一次諮商中心，後來就沒再去了，如果當時可以持續做諮商，或許就不用浪費兩年的時間，還讓我畢業成績這麼低。我真的非常氣我自己！」

「我還覺得自己很噁心，真的很噁心，你知道嗎？在那段嚴重憂鬱的期間，我的房間髒得很噁心，我都點外送，食物都散落在床上和地板上，現在回想起來都覺得，天哪！怎麼會這麼噁？」

「我現在每天看社群網站上朋友們的照片，都覺得自己好沒用。他們都是我很好的朋友，所以我是真心為他們的美好生活感到開心。只有我一個人這麼糟糕。我感受到喜悅，但是也很悲傷。」尼克說。

「你感覺到喜悅『和』悲傷。」我對尼克說。

很多時候，我們在描述不同情緒時會用「但是」這個詞，像是尼克說的「喜悅但是悲傷」。他用了「但是」這個詞，就好像是在說因為有「悲傷」，所以「喜悅」就不重要了。

尼克的內心有各種複雜的情緒——喜悅、驕傲、憤怒、厭惡、悲傷、羞愧……，每一種情緒都沒有對錯，都需要有個空間可以好好被感受。有時候，情緒像是洋蔥一樣需要層層被剝開；**有時候，不同的情緒會同時冒出來——喜悅、悲傷、憤怒，都可以同時存在，也同等重要**。

毒性正能量——想快樂的事情就好！

在這兩年嚴重憂鬱期間，尼克非常孤單。「我有好幾個月沒繳房租、沒去上課，但是我的家人都不知道。我從來沒有跟任何一個人講我很憂鬱。我胖了很多，朋友們看到還會拿我的身材開玩笑。」當這個社會不談論心理健康議題，只顯現出完美的一面，那些正在經歷心理健康掙扎的人就更不敢講，更覺得羞恥。

不僅不去談論心理健康，我還觀察到這個社會充滿了許多「毒性正能量」（Toxic Positivity）。當一個人出現負面情緒時，其他人會告訴他：「往正面想就好！」「不要想那些負面的東西啦！」「開心一點！」「悲傷難過有什麼用，要往好處想。」毒性正能量告訴你，只要想開心的事情，那些負面的情緒就會消失不見。

記得有一次我自己在做諮商時，會談中我開玩笑地問我的諮商師：「你有什麼魔法可以把我這些痛苦情緒變不見嗎？」我的諮商師立刻拿起身旁櫃子上的一隻「魔法棒」，笑著朝我身上一揮。

身為一位諮商師，我多麼希望有一支正能量魔法棒，輕輕一揮，就可以讓個案變快樂，讓痛苦消失。但現實中，我們無法強迫人變開心，「叫別人要快樂」並不會真的讓另一個人開心起來。當這個社會太強調「要快樂」、「往正面想就不會難過」時，反而讓許多人不敢說出內心的痛苦與掙扎。像是尼克的媽媽就常勸他：「你就是一直想那些負面的事情才會憂鬱，怎麼不多想正面一點的事呢？」這些話讓尼克更對自己的憂鬱感到很自責。

的確，喜悅和快樂很重要，但喜悅並不是來自把負面情緒推開或強迫自己開心，喜悅來自你讓自己去感受，給予每一個情緒空間，去和這個世界與他人連結。

17

去感受，
就是願意讓自己脆弱

願意讓自己脆弱，才能去感受。

讓自己脆弱或許會感受到羞愧、恐懼，以及受傷；

但也因此才能感受到喜悅、愛，以及人與人之間的連結。

願意讓自己脆弱，是擁有任何情緒的根源。

在寫這本書稿的期間，剛好是我在美國找教職工作的階段。找教職是一段繁瑣又耗費精力的過程，從尋找哪些學校有職缺開始、花時間了解那間諮商系所適不適合自己、決定要投哪些學校、準備每一間需要的申請文件、送出申請，然後就是等待是否收到第一階段視訊面試。第一階段面試結束後，繼續等待是否收到第二階段的面試，然後再等待結果。整個過程對我來說非常煎熬的，就是等待與面對未知。

研究顯示，我們的大腦非常「負面取向」，當面對未知時，大腦會幫你設想好最糟的結果，幫你準備好面對任何危險。有一段期間，每天打開電子郵件發現沒收到面試通知時，我的心中就會冒出各種想法：「我的條件是不是不夠好？」「這些學校是不是拒絕我了？」「已經視訊面試結束一個多禮拜了，我還沒收到任何消息，是不是沒有入選第二階段面試？」「如果我被拒絕，別人會怎麼看待我？」「如果最後都沒有收到任何錄取，該怎麼辦？」

在開始找工作之前，我對於要在美國找大學教職感到很恐懼。後來我理解到，「找工作」本身就是一件「讓人脆弱」的事情，因為求職過程會產生許多我一點都不喜歡的情緒——要面對未知與不確定性、不知道什麼時候才會找到工作的焦慮、被拒絕時的失望、不斷冒出的自我懷疑、即將離開熟悉環境去一個新地點……這些都是我不喜歡的感受。

就算有這麼多恐懼和焦慮，我還是讓自己去嘗試了。我發現，原來我正在讓自己脆弱。

這裡講的「脆弱」指的是英文的「Vulnerability」，這個詞彙在中文被翻譯成「脆弱」，可能造成許多人誤解，以為是在批評與指責一個人太軟弱、禁不起打擊，或抗壓性很低。而當我去查「Vulnerability」這個詞還可以怎麼解釋時，讀到字典上寫著「易受傷的」，我心想：對啊，脆弱就是願意讓自己受傷的能力。

去愛、去感受，都是願意脆弱

這本書介紹了「情緒變化三角」，在這個倒三角形左上方是「防衛機制」，就是那些讓你不用去感受的行為。在諮商中，我很常聽到個案們用

「高牆」來比喻防衛機制，好像有一座牆在那裡隔著他們的心和外在世界。

許多人每天都在用防衛機制過生活，築起高牆後，高牆裡的那個狹小空間成為你的舒適圈，讓你覺得很安全，就不用去感受失望、心碎、未知與痛苦。漸漸地，你就像把自己關在一個牢房裡，當你在這個牢房裡待越久，越覺得需要這樣的「安全感」，這裡面沒有新的刺激，沒有不確定性，一切都在預測當中。

高牆幫你阻擋了去感受負面情緒，但也同時阻擋了那些令人開心的情緒，像是快樂、喜悅與感激。

而願意讓自己脆弱，是就算知道外面的世界充滿未知、知道某些情緒會讓人非常痛苦，你還是願意踏出高牆。你必須願意讓自己脆弱，才能去感受。的確，如果你讓自己脆弱，就會感受到痛苦情緒，以及受到別人的傷害；但正因你願意讓自己脆弱，才能去感受喜悅、愛，以及人與人間的連結。**願意讓自己脆弱，是擁有任何情緒的根源。**

去愛，也是讓自己脆弱。當你去愛一個人，就要承擔可能會失去那個人

的痛苦，但就算有這些風險，你還是願意去愛。布朗教授曾經說過：「那些心碎的人，都是最勇敢的。」因為，那些心碎的人，都是願意讓自己脆弱、去愛人的人。

當你願意脆弱，才能與人連結

二〇一八年，美國有一份關於「孤獨」（Loneliness）的調查顯示，大部分美國人都感到孤獨。諮商室中，我也常聽到個案表達自己內心非常孤獨。

「孤獨」是一種很主觀的感受。你感覺不被了解，和人之間沒有連結，覺得沒有人真正了解你。孤獨並不是「獨處」，也不是取決於「身邊有多少人」。我有個大學生個案常常參加派對，無時無刻都和朋友在一起，但他的內心很孤獨。還有個案結婚十年，每天回到家中看到伴侶覺得是個陌生人，內心也感到非常孤獨。

當然，孤獨是一個很正常的感受。我們都會感到孤獨，就像人生中總可能遭遇挫折或失敗一樣。但是當有一半的人「時常」或「總是」感到孤獨，這就成為一個需要被關注的問題。研究顯示，「孤獨」這種感受對身體健康的危害，等同於每天抽十五根菸。孤獨感讓你有更高的機率得到身心疾病及免疫系統出問題，甚至更早死亡。

會不會感到孤獨，並不是取決於花多少時間和別人在一起，而是這些關係的品質。想想看：和別人在一起時，你願意讓自己脆弱嗎？你願意表現出真實的自己嗎？當所有人在社群網站上展現最完美的一面時，你願意談論自己的不完美嗎？你和另一個人之間有真摯的連結嗎？

回到情緒變化三角，如果一個人每天都用防衛機制來武裝保衛自己，把自己關在高牆後的狹小空間不用去感受情緒，也無法與人連結，當人與人之間沒有真實的連結時，就會感到越來越孤獨。

你在情緒變化三角哪裡？

在諮商中，我帶著個案去認識情緒變化三角，幫助他們覺察自己使用哪些防衛機制，幫助他們撫平焦慮，然後感受底下的核心情緒。

在諮商室中，我提供一個安全的空間，讓個案們好好感受各種情緒——悲傷、憤怒、厭惡、喜悅、興奮、羞愧、恐懼……等等。經由一次又一次的感受，他們的大腦和身體就可以藉由這些新的經驗學習到：**當你讓自己去感受情緒後，並不會有什麼可怕的事情發生。當然，某些情緒還是很令人痛苦，但漸漸地，感受各種情緒變成自然、能夠駕馭的事情**。

在學習了情緒變化三角後，我也常常詢問自己現在在情緒變化三角的哪裡？我在使用防衛機制嗎？我感覺到焦慮嗎？我有感受到核心情緒嗎？每天的生活中，我會試著暫停下來觀察內心世界現在發生什麼事？有哪些身體感受？有哪些情緒需要我的關注？

我發現，我很常用的一個防衛機制就是忙碌，於是每當我意識到自己開始忙碌時，就會問自己：「如果現在不忙碌，我可能會有哪些情緒？」

另外一個很常見的防衛機制就是「吃」，明明不餓卻一直吃。許多人用「吃」來麻痺情緒、逃避情緒。我也常常邀請個案去覺察，當你有想吃東西的衝動和渴望時，去注意那個當下身體有哪些感受？可能有哪些核心情緒藏

檢視自己的情緒變化三角

防衛機制
覺察自己使用那些防衛機制。

抑制情緒
例如焦慮，學習如何撫平焦慮（或其他情緒），去傾聽背後還有哪些情緒。

核心情緒
如：喜悅、興奮、恐懼、悲傷、厭惡、憤怒。
面對核心情緒，你要做的就是去感受。

在底下？如果現在不吃，可能會感受到哪些情緒？

情緒變化三角是一個工具，幫助你更覺察自己的內心世界和情緒。如果你願意，我也要邀請你從現在開始，在心中放著這個情緒變化三角，每天花幾分鐘的時間讓自己暫停下來，去覺察並檢視自己在情緒變化三角的哪裡？

PART 3

學會與情緒共處，建立人與人的連結

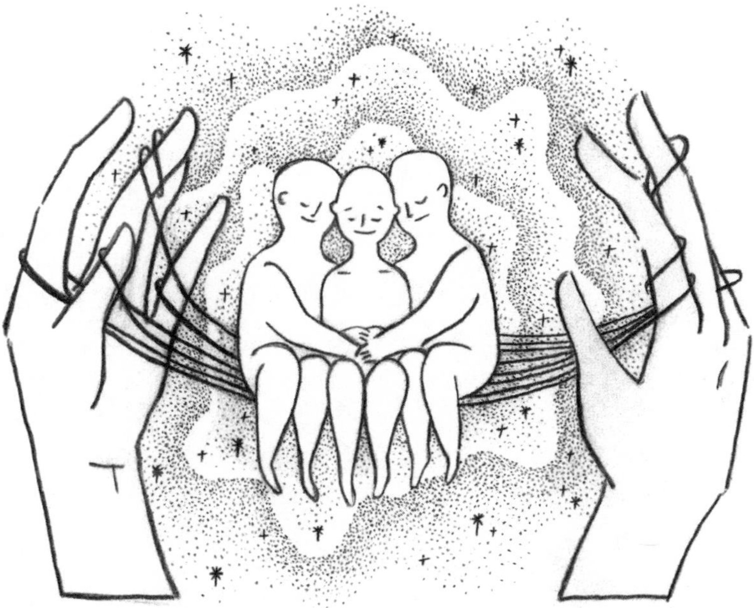

18

當世界充滿創傷，
更需要一個能接納情緒的社會

當我們緊抓著防衛機制去攻擊謾罵他人，

就無法去感受情緒。

面對這個不斷受創的社會，我們需要讓彼此放下防衛機制，

建立一個可以讓情緒出來的安全空間。

唯有讓情緒和傷痛出來，這個社會才能開始療癒。

我曾經在一個課程中做過這樣的小活動：拿出十張小卡，寫下十項生命中你想要的東西，像是健康的身體、擁有自己感到熱忱的工作、美好的婚姻、養育孩子、孩子身體健康、家人身體健康、有舒適安全的家……等等。如果你願意，也請你拿出十張小卡，寫下十樣你人生中想要的東西，寫完後把卡片翻到背面，然後隨機抽走五張，再翻開看剩下的那五項。

想像一下，你人生中想要的十項，只有五項會如願，另外五項可能因各種意外而失去，比方說被裁員失去工作、得到重大疾病失去健康、伴侶死亡、離婚、得到心理疾病、孩子有特殊需求、因天災而失去房子……等等。

生命中唯一確定的事，就是充滿了變化，因為人生不會只照著你計劃的樣貌展開。這些意外通常來得毫不留情，而令人心痛的是，這個世界似乎發生越來越多創傷事件。

在我寫作本書的這段期間，美國發生了好幾起隨機殺人槍擊案和校園槍擊案。二〇一八年十月，台灣的普悠瑪號列車翻覆，讓許多人重傷或身亡。十一月，我到北加州參加一場研討會，當天剛好北加州發生一場嚴重的森林大火，燒毀了一萬多棟建築物，許多人瞬間失去家園與親人。我的研討會地點距離火場有幾小時車程，但在空氣中都可以聞到燒焦的味道。而我在美國居住的大學城，二〇一九年一月發生了一起隨機槍擊案。這個城鎮被稱為「快樂谷」，是美國排名前幾名安全的地方，大家都無法置信在這裡也會發生隨機槍擊事件。

雖然這些事件不是發生在你身上，也可能會對你造成創傷。當電視新聞不斷播放創傷事件的畫面，這些影像也會刺激你的大腦杏仁核，讓你的身體進入「攻擊─逃跑─凍結」反應，讓你感到焦慮、恐懼、無助。

這些創傷事件也可能會粉碎你對世界的安全感。

近期美國發生越來越多校園槍擊案，我有幾位青少年個案都非常擔心，會不會哪天槍擊案也發生在自己學校裡？二〇一四年，台北捷運發生隨機殺人案後，也讓許多人對於搭捷運感到緊張恐懼。二〇一六年發生的小燈泡事件，更讓許多家長擔心孩子在外的人身安全。今年一月，我居住城鎮發生的槍擊案，地點就在我偶爾會經過的地方，事發之後，每當我經過那個地點也會感到緊張。這些創傷事件，把那些本來安全的事情，變得不再安全了。

譴責他人，就是把痛苦傾倒在別人身上

這些創傷事件也激起了社會上許多仇恨與謾罵。二〇一九年，台灣電視劇《我們與惡的距離》，描繪了社會事件發生後，網路社群媒體上對於加害者、加害者家人或受害者的攻擊與指責。

每當創傷事件發生，我們第一個反應常常是「譴責他人」——會被性侵都是因為穿著太暴露、都是自己愛玩才會被燒傷、父母不盯好孩子才讓孩子受傷、捷運上的人都是因為低頭滑手機才會受害……。會發生這麼糟糕的事，一定是因為你做了什麼，一切都是你自找的！

我們也常把自己和正在受苦的人區隔開來。我們告訴自己：這樣的事情不可能發生在我身上，這些事只會發生在「別人」身上。像是被診斷有心理疾病、遭遇家暴、被性侵、童年受虐、自殺、受到暴力攻擊、離婚、遭到背叛、藥物與酒精成癮、因天災人禍失去至親、失業、被債務困擾、犯罪坐

牢……等等，我們認為這些都是「別人」才會經歷的事情，不會發生在我或我身邊的人身上。

不論是「譴責他人」，或是「區隔自己或他人」，都是我們在使用防衛機制，讓自己不用去感受底下的核心情緒。許多創傷事件令人無法理解——為什麼一個身體健康、睡眠飲食正常、才三十五歲的年輕男子會生病就死掉了？為什麼一位快樂的孩子在上學時會被校車撞死？為什麼這個人如此善良、做了這麼多好事，卻在隨機殺人事件中被槍擊身亡？

這些悲劇讓人無法解釋為什麼，於是只好努力尋找可以譴責人的原因，因為如果不區隔自己和別人，就等於承認了這些殘忍的事情也有可能發生在自己身上，這實在太讓人痛苦了。美國社工系布朗教授解釋，「譴責人」其實就是把自己的痛楚和不舒服傾倒在別人身上，因為自己感受痛苦實在太不舒服，把這些苦痛倒在別人身上比較容易。

我們活在一個非常脆弱的世界，你的世界有可能瞬間崩塌。事實上，我們就是自己口中的「別人」，我們以為「別人」才會發生的事，都有可能發生在自己身上。經歷這些痛苦和不幸是身為人的一部分，你我都一樣。**當我們一直緊抓著防衛機制去攻擊謾罵他人，就無法去感受情緒。面對這個不斷受創的社會，我們需要讓彼此能夠放下防衛機制，建立一個可以讓情緒出來的安全空間。**

因為，唯有讓情緒和傷痛出來，這個社會才能開始療癒。

建立一個可以談論、述說與感受情緒的空間

面對受過創傷的人，我很常聽到的另一個反應，就是周遭的人會告訴他們：「你應該要原諒！」

每個人可能對「原諒」有不同定義，除非個案主動提起這個詞，不然在諮商中我其實不會提到「原諒」。

有好幾位個案都曾對我提到「原諒」。他們說：「我一點都不想出席我媽媽的生日聚會，但阿姨告訴我，事情都過這麼久了，你應該要原諒媽媽啊！但我就是不想跟她聯絡。」「我的父親從小很殘忍地虐待我，現在為了

保護我的孩子不受到他的傷害，我不讓我爸爸出現在我的生活中，但我姐姐卻說我這樣很殘忍，叫我應該原諒他才對。」

對於這些個案，他們身邊的親人或宗教信仰告訴他們應該要原諒，但是他們做不到，於是對自己感到生氣與挫折。

不僅僅是身邊的人告訴你該原諒，網路上有許多心理勵志文章也都告訴你應該選擇原諒、選擇放下，對你才是最好的。有許多電影、電視劇裡的人物最後也都選擇了原諒，好像一旦原諒之後，所有的傷痛都可以消失。

「我到底要怎麼樣做才能原諒？」「我什麼時候才能原諒？」「我沒辦法原諒，怎麼辦？」許多個案也會這樣問我。那麼，到底什麼是原諒？

諾貝爾和平獎得主、前南非教主戴斯蒙・屠圖（Desmond Tutu）在他的著作《寬恕：為自己及世界療傷止痛的四段歷程》（*The Book of Forgiving*）裡解釋什麼是「原諒」。他說，若要邁向原諒，必須經歷四個步驟：第一，你要去敘說發生的事情；第二，你要去正視和感受那些傷痛；第三步是給予原諒；最後一步是去決定想要修復還是放開這段關係。

也就是說，若要原諒，你必須先處理傷痛，讓自己去感受情緒，讓每一種情緒都有空間舒展開來，不管這些情緒是哀傷、憤怒、恐懼、內疚，甚至憎恨，都沒有對錯，每種情緒都需要好好被接納與聆聽。你需要先「擁有」情緒，才能讓這些情緒離開。但是，許多人卻快轉到最後一步，沒有去處理傷痛和感受情緒，就認為自己必須原諒，或是告訴別人你應該原諒。

「原諒」並不是「遺忘傷痛」或「認為對方的行為沒錯」，原諒是能夠卸下自己身上背負的傷痛重擔，不再讓自己被鎖鏈牢牢綁住，不用再讓那個傷害你的人住在你的心中。

原諒是讓自己卸下枷鎖，可以更輕盈地向前走。如果以這樣原諒的定義，我的確很希望每一位經歷傷痛的人，都可以讓自己好好感受傷痛後，把傷痛放下，而且我們需要一個社會，可以讓我們這樣做。

若我們希望每個人可以邁向原諒、這個社會可以走向療癒，那麼從現在開始，我們需要建立起一個歡迎各種情緒的空間，讓大家可以開始敘說與感受傷痛。

19

我願意當那個聽你說的人

面對一個處在痛苦中的人，
往往不是你的「回應」讓他感覺好起來，
能夠讓人覺得好受一點的，是人與人之間的連結。
每一次的互動中，選擇同理與連結，
就能慢慢累積兩個人之間的信任。

今年四十歲的山姆，因為婚姻問題來到了諮商室。「我的老婆想跟我離婚，」山姆說：「她說我們完全無法溝通，說我都不表達我的感受，如果再這樣下去，她就會跟我離婚。」

在理解山姆和妻子的互動模式後，我發現，每當兩個人出現爭執或意見不合時，山姆就會整個人「關閉」，像是退縮到洞穴裡躲起來。而當山姆縮到洞裡不回應，就讓妻子更挫折，更想把山姆從洞穴裡拉出來，而妻子這些行為在山姆眼中就是「咄咄逼人」，讓他更加退縮。

「我也不知道為什麼，」山姆說：「我也很想向她表達我的想法，但就是說不出口，然後當她開始提高音量，我整個人就好像開關被關掉一樣。」

表達情緒，是一種危險？

這樣的互動模式其實不少見，你可能也有過這樣的經驗：很想和伴侶、親人或朋友表達心中的情緒和感受，但是不管在腦海中演練了多少次，卻發現在那個當下無法說出口。

很多時候，我們對於「表達情緒」的恐懼，也來自童年時期表達情緒時是被如何對待。對許多人來說，童年經驗告訴你，如果表現出情緒，尤其是負面情緒，就會被周遭的大人責罵，可能會被拋棄、被懲罰。於是，這些經驗形成強烈的大腦神經迴路，形塑出你的「情緒地圖」，讓成年後的你依舊覺得：如果表達情緒，就會有危險！

山姆在一個傳統保守的家庭中長大。在他的家中，父親完全不顯露情緒，他從來沒有看過父親哭。每當小男孩山姆哭鬧、悲傷、害怕時，山姆的母親就會開始責備他，並告訴他：「你是男生，男孩子不能哭泣。」「男生要勇敢，不能害怕。」「要像個男生啊！」小男孩山姆學習到，表達情緒是件危險的事情。山姆長大後對表達情緒充滿恐懼，是因為他不知道表現出情緒後，另一個人會如何回應？他擔心會被嘲笑，會不被接納。

的確，每一次與人分享情緒，就是在承擔風險，因為我們無法掌控另一個人會如何回應。這就是為什麼表達情緒也是在讓自己脆弱——在你無法掌控別人會如何回應的狀況下，你還是願意顯露最真實的自我。但很多時候，我們也可能低估了另一個人接納情緒的能力。

我有好幾位個案這樣告訴我：「我不敢和我的爸爸／媽媽／朋友／伴侶表達情緒，因為我很怕他們會評價我、不接納我。」當他們好不容易鼓起勇氣和對方分享，卻意外發現對方的回應比預期中來得好。當他們開始表達情緒、讓對方看見最真實的自我，也更加深他們與另一個人之間的連結，讓關係更緊密。

當然，**也不是每個人都有能力可以接納你的情緒，你必須找到「對的人」來分享**。

「對的人」，才有資格傾聽你的故事

日常生活中，我們都有過與人分享心情的經驗，但有時候分享後卻發現心情更糟。如果你現在試著回想過去自己和他人分享的經驗，對方的哪些回應讓你覺得被支持、被理解？哪些回應反而讓你更難受？

當我想起過去那些讓我反而更難受的回應，當對方試圖要我的感受縮小或扭曲，像是告訴我：「哎呀，沒那麼嚴重啦，這沒什麼好難過的吧？」「沒關係啦，一切都會好起來的！」「我上次也是發生類似的事情（然後開始講事情經過），我比你慘多了。」「你想太多了啦！」「不要再想這些負面的事情了，至少你還有……」這些話語讓我感受到對方並沒有真正接納我的感覺，反倒像在糾正我：「你這樣感覺不對。」然後要求我照他覺得對的方式去感受。

我們在與人分享時，或多或少都聽過上述這些回應，甚至，有時候我們就是說出這些話的人。就算身為一位諮商師，在和親友相處時，我也要常常覺察自我，不要脫口而出這些看似安慰人，卻讓人更難受的話語。

我想起前陣子一個寒冷的冬天早上，我在系館的辦公室準備半小時後要授課的內容。系上的辦公室有好幾位博士生共用，過不久，另一位博士生艾瑪進到辦公室，我們聊了聊近況，她分享了上禮拜去參加的一個聚會，聚會上許多人詢問她：「你念博士班，這樣你的孩子怎麼辦？」

艾瑪是一位新手媽媽，也是一位博士生，而這兩個角色常帶給她許多評價與指責。許多人告誡提醒她：「你知道孩子的成長只有一次嗎？」「你知道現在是陪小孩最重要的階段嗎？」許多人在得知孩子年紀這麼小就每天被送到托兒所後，還會眼睛瞪大，臉上流露出不可思議的表情，彷彿在對她說：「天哪，你這個媽媽是怎麼當的？」（有趣的是，她先生也在聚會中，卻沒有人對他說這些話。）

念博士班的繁忙，讓艾瑪已經充滿內疚和自責，認為自己不是個好媽媽，沒有時間好好陪伴孩子，而周遭人對她的評價或是建議，更讓她加深這些自責感。

當我聽著艾瑪分享時，我感受到她的痛苦，這些情緒讓人不舒服，我意識到本能上很想逃離這些不舒服，所以腦中冒出的第一個回應是：「沒關係啦，事情會越來越好的，你之後就會漸漸適應博士班的生活。」還好，當腦中出現這個回應後，我就覺察到這個回應只是在幫助我推開這些不舒服，並不是真正的傾聽。

想要逃離痛苦是人類的本能，這就是為什麼很多人在面對別人顯露情緒時，會立刻拋出那些「安慰人的話語」，為的是想趕快結束自己的不舒服。有很多人會問：「到底說什麼才是安慰人最好的方法？」事實上，**面對一個處在痛苦中的人，往往不是你的「回應」讓他感覺好起來，能夠讓人覺得好受一點的，是人與人間的連結**。

現在回想起來，我很高興當時的我選擇了同理與連結。我把電腦螢幕關掉，靜靜傾聽艾瑪，試著和那些痛苦情緒待在一起，不需要多說什麼。同理是一個選擇，而且是一個讓自己脆弱的選擇，因為當你同理另一個人，你也得跟著去感受那些情緒和痛楚，但就算如此，你還是願意選擇和別人的情緒待在一起。

這些人與人間的同理與連結，會累積成信任。信任並不是來自另一個人做出什麼偉大的事，而是來自日常生活中的微小互動。每一次的互動中，你選擇同理與連結，就能慢慢累積兩個人之間的信任。

每一個人的生命中，都需要有這些贏得你信任的「對的人」——那些有能力同理、聆聽、不評價的人。這些人可能是你的伴侶、家人、朋友、同事、心理治療師、老師、教會人員……等等，這些「對的人」才有資格傾聽你的故事，看見你的脆弱。

除了需要找到「對的人」之外，我們也要讓自己成為別人生命中那個「對的人」。

練習同理，讓自己成為別人生命中「對的人」

當你讀到這裡，可能會很緊張焦慮地想說：「我就是會不斷說出安慰人話語的那個人，怎麼辦？」

如果你以前說了令人難受的安慰話語，還是有機會重新建立連結。你可以向對方道歉，像是說：「上次你跟我說你先生得到癌症的事，我當時的回應並沒有真正去傾聽你的痛苦，我覺得很抱歉。我很希望可以陪伴你，也希望你可以再給我一次機會。」**讓自己成為別人生命中「對的人」，需要不斷練習**。如果你願意練習，你就會犯錯，因為犯錯是學習的一部分，犯錯就代表你在嘗試，犯錯後你也能夠修補、道歉，然後再繼續嘗試。

「同理」和「同情」不一樣，同理是「與人一起感受」。當我感受到艾瑪的痛苦與自責時，我願意和那些情緒待在一起，我理解這是艾瑪擁有的情緒，我沒有權利糾正她應該怎麼感覺才對，我要做的是給予這些情緒一個空間，因為每一個情緒對她而言都是真實的。

相反的，「同情」則是把自己和別人區分開來。如果我對艾瑪說的是：「那些聚會中的人好過分，怎麼可以講這些話？你好可憐喔，我真是替你感到難過。」這句話底下的意思則是：「你好可憐，但那是你的事，你自己去承擔，不關我的事！」

所以，同情人很容易，而同理是一種選擇。**當你掉入了人生的黑洞中，「同情」是我姿態高高地站在洞口望著底下痛苦的你，而「同理」則是我選擇爬下洞口，和你一起坐在黑暗中。**

練習同理的第一步，就是理解每個人都有各自的觀點。當一個人的觀點和你不一樣，不代表他是錯的。每個人看待世界的框架來自於過去經驗與自身特質，這些框架也可能影響一個人有哪些情緒和感受。但這些框架都沒有對錯，每個人有哪些情緒也沒有對錯，情緒就是情緒，是一個人面對環境的回應。當我們理解到每個人都可以擁有自己的情緒和觀點，就不會急著去糾正「你不應該有這些感受」。

我們可以選擇同理，練習同理，成為別人生命中那位對的人。

20

當我們一起，就能撐起一個人撐不住的哀傷

願意出現、聆聽、不解決問題、不急著把痛苦清乾淨，

這是哀悼中的人最需要的陪伴。

哀傷的重量很沉重，但不用自己一個人撐著。

我們可以伸出手，幫助哀悼中的人支撐起那些悲傷。

梅根．德凡（Megan Devine）曾經是一位心理治療師，在二〇〇九年一個陽光普照的夏日，她目睹了當時年輕、健康、不到四十歲的伴侶麥特在游泳時突然溺斃。一切發生得太突然、太無法理解，那天之後，她關掉自己的諮商診所，再也沒回去諮商個案。

麥特去世後，德凡在她最需要被支持時，卻覺得非常孤單，因為周遭的人都不知道該怎麼面對她。她記得有一次和一位朋友分享心情很不好，朋友問她：「發生什麼事了？」德凡回答：「麥特死了。」而這位朋友驚訝地回應她：「什麼？已經過這麼久，你怎麼還在難過？」

後來德凡找到一群也在哀悼中的人，而幾乎每個人都提到，自己在哀悼的過程中常常被評價和糾正，或是別人的反應讓自己覺得哀悼是一件很羞愧的事。周遭的親友總是鼓勵他們「趕緊放下」、「伴侶還可以再找」、「過去的事就過去了，要向前看」，以及「不要再去想那些失去了，難過沒有用，趕快打起精神」。當你與人分享時，卻感覺被評價，就會讓人不想再講了，開始假裝一切都沒事還比較容易。

對於經歷失去的人，不管事情發生在五天前、五個月前，還是五年前，只要想起生命中重要人事物的離去，就會好像才剛剛發生一樣。**我們無法完全放下哀傷，只能繼續攜帶著哀傷，向前走**。

正在讀這本書的你，可能也經歷過失去。你可能會覺得：「和德凡的伴侶意外溺斃比起來，我的失去好像一點都不嚴重。」但是請記得，**哀悼並不是一個競賽，無法比較。哀傷是愛的延伸，每一段關係中愛的程度不同，哀悼的痛苦和影響程度當然也不同**。所以，就算你我都經歷類似的事情，我也無法百分之百理解或體會你的感受。

哀傷無法比較，每個哀悼都是獨特的，沒有誰的哀傷比較嚴重。

當我們去愛，就會經歷失去。愛與失去，都是生命的一部分。我們常常談論如何去愛，卻不談論如何哀悼。**整個社會認為哀傷是一種病，要趕快被「治好」，所以，我們告訴哀悼中的人趕快好起來**。甚至，我們可能都當過德凡提到的那位朋友——因為我們的無知回應，讓哀悼中的人更加難受。

沒說出的後半句——趕快停止你的痛苦！

我也常常聽到個案說，除了哀傷本身的痛苦外，他們還因為哀悼受到周遭親友的批評或糾正。周圍的人常告訴他們「你很堅強，你可以克服這一切」、「不要再哭了，多往好處想」、「你會再找到下一個伴侶」、「沒關係，孩子可以再生」、「至少你跟他有過美好的回憶」、「這都是上天安排好的」、「至少你現在理解人生最重要的事情是什麼了」。

而這些看似安慰人的話語，其實都有一個沒說出來的「後半句」，就是：「趕快停止你的痛苦！」你可以試著把這一句話接到上述每一個句子的後面，像是：「至少你跟他有過美好的回憶，趕快停止你的痛苦！」「這都是上天安排好的，趕快停止你的痛苦！」我們以為試著拿走別人的悲傷，那個人就不會痛苦了，但事實卻剛好相反。我們嘗試安慰人的話往往帶來更多傷害，因為這些話語傳遞出的訊息就是：「你現在不應該有這些感覺！」

通常，對哀悼中的人說這些安慰話語，是為了讓我們自己好過一點。因為你的哀傷讓我太不舒服了，我無法和那些痛苦相處，我想趕快把這些痛苦趕走，所以告訴你不要再難過了！

這個社會對於哀傷抱持著錯誤觀念。我們認為只要是不舒服的事就是「問題」，而因為哀悼帶來許多痛苦，它就是個問題，需要趕快被解決、被修好。大家認為哀傷是一種「病」，所以要趕快好起來，恢復成以前的樣子。但是，**哀傷不是病，並不需要「被治癒」，哀傷需要的是一個空間，一個讓痛苦被看見被接納的空間**。

讓我陪你一起撐起哀傷

你可能也有過以下的經驗。當你得知身邊一位朋友正遭逢人生劇變或正經歷失去，你在心中猶豫要不要主動去聯繫那位朋友。有一部分的你想要去關心他，但另一部分的你覺得如果打電話給他，會不知道該說什麼，這樣會很尷尬。你持續猶豫要不要打電話，而一段時間過去後，你告訴自己：「都已經過了好幾個禮拜，現在打都太遲了，而且更尷尬，算了吧！」

許多人不知道該怎麼面對哀悼中的人，正因為不知道該講什麼，所以選擇不出現。當你選擇不出現，就失去了一個與人連結、陪伴人的機會。

哀悼中的人需要的，不是你的「回應」，而是「陪伴」——一個願意去見證痛苦的陪伴。

就像一個骨折的人需要在受傷處打石膏，或是使用固定支架來幫助傷口癒合，你的陪伴就像是當那個支架，幫忙支撐起哀傷與痛楚。你不需要對著傷口說：「人生還有很多有意義的事情。」「你很堅強的。」你的工作就是當個支架，待在那裡就好。

陪伴是一個選擇，因為選擇「待在那裡」並不容易，「待在那裡」表示你必須和痛苦與哀傷共處，而你願意讓自己不舒服，繼續陪伴在哀傷中的人身邊。

我們都需要學習和哀傷共處。因為對於一個處在痛苦中的人，最好的幫助就是給予他們一個安全的空間，讓這些痛苦可以被看見、被聽見，讓哀悼中的人可以誠實地述說這些失去有多痛。當我們停止壓抑痛苦，給哀痛呼吸的空間，讓痛苦不需要這麼努力地向你捍衛它的存在，不用一直向你咆嘯它應該被看見，這一切才能開始改變。

願意出現、聆聽、不解決問題、不急著把痛苦清乾淨，這是哀悼中的人最需要的陪伴。

某種程度上，哀悼是很孤獨的。每一段關係都是獨特的，在失去之後，只有你自己知道真正失去了什麼，只有你了解這個失去對你人生造成多大的改變與痛苦。沒有人可以替你哀悼，哀悼是孤獨的。但是，雖然孤獨，我們可以不用孤單一個人。

哀傷的重量很沉重，但你不用自己一個人撐著。我們可以伸出手，幫助哀悼中的人一起支撐那些悲傷。當我們一起，就能夠撐起一個人撐不住的哀傷重量。

過不好，也沒關係

美國作家與主持人諾拉．麥克倫尼（Nora McInerny）在短期間內經歷流產、父親去世及丈夫去世的傷痛，她在 TED 演講中提到，面對哀傷，我們無法放下，只能攜帶著它繼續前進。

當你攜帶著哀傷前進，可能有時候會覺得哀傷的重量變輕盈了，有時候卻又更加劇烈，這些都是很正常的感受。尤其是遇到節日或紀念日時，這些哀傷巨浪可能又會朝你襲擊而來，例如聖誕節、新年、情人節、母親節、父親節、感恩節，這些大家在慶祝或團圓的日子，都不斷地提醒觸發你那些失去。

在節日前夕的諮商會談，我通常會幫助個案做過節的準備。我們會討論在節日這種容易被觸發的日子，可以如何照顧自己？有些人會在那幾天關掉社群網站，因為看到網站上大家慶祝的照片會讓他們很難受；有些人會先跟朋友說好，那幾天可能需要打電話給他們、需要他們的支持；有些人會安排做讓自己放鬆開心的事情，像是看個電影、泡個澡。

當然，就算擬定好計畫，有時候悲傷傾洩而來，可能還是會情緒潰堤，這都沒關係，請允許自己能夠讓情緒潰堤。梅根·德凡（Megan Devine）在二〇一七年出版的一本書《沒關係，是悲傷啊！》（*It's OK That You're Not OK*），就是想要和哀悼中的人說：**你不一定要過得好，過得不好也沒關係，請允許自己可以過得不好**。

當你攜帶著哀傷前進，情緒可能就會起起伏伏，每一種出現的情緒都沒有對錯，過得不好，也沒有關係。

21

建立一個療癒社群——沒有人可以在孤單中復原

如果你有一個安全網，有一群人願意聆聽與接納這些傷痛，
那些原以爲無法承擔的痛苦重量就會變得輕一點，
心中巨大的孤寂感也會變得小一點，
繼續走下去就會變得容易一些。

身為一位心理諮商師，我很榮幸這份工作讓我參與到許多個案人生旅途的一小部分。看到每位個案經歷的創傷、痛苦與失去，也讓我很敬佩一個人的復原力可以有多麼強壯，能夠在經歷逆境後繼續生活著。我也常在想，到底是什麼因素，讓人在摔落之後能夠爬起來？

美國精神科醫師貝塞爾・范德寇（Bessel van der Kolk）是我很喜歡的一位作家，當我在讀他的書《心靈的傷，身體會記住》（*The Body Keeps the Score*）時，對於書中的一幅圖畫印象非常深刻。他提到，在二〇〇一年美國發生九一一事件後，他去拜訪了住在紐約市曼哈頓的朋友一家人，那位朋友的孩子諾姆當時五歲，在事件發生當下，他從學校目睹了第一架客機撞上世貿大樓。諾姆在隔天畫了一幅畫，描繪他看到的景象：飛機撞上大樓、充滿火焰、許多人從大樓往下跳。但是在畫中，諾姆在大樓底下加了一個彈簧墊，他說：「有了這個彈簧墊，這些人跳下來就安全了。」

看到諾姆的畫，我也在心裡想著：對啊！我們的人生中都需要有個彈簧墊，這個彈簧墊就像是個安全網，當我們摔落時，可以穩穩地接住我們。

人是群體動物，每個人都需要其他人，尤其在心理復原的過程中更是如此，因為沒有人可以在孤獨中復原。這個安全網，就是人與人之間的連結。當你摔落時，底下有一群人圍成一個圈，每個人雙手緊緊拉著安全網，把你接住。雖然跌落還是會帶來許多痛苦，但是當你看到有這麼一群人陪著你，牢牢撐住你，你會知道自己一點都不孤單。

找到屬於你自己的安全網

每個人的生命中都需要有一個安全網，需要一群可以讓你倚靠的人。要建立安全網，必須讓自己脆弱，因為唯有能夠呈現出真實的自我，才能與另一個人建立真摯的連結。我想起了我的個案卡拉，當我剛遇見卡拉時，看到她內心築起了高牆，不讓任何人成為她的安全網。

經過八年充滿情緒暴力的婚姻，卡拉進到諮商室，說她想跟丈夫離婚，她再也受不了丈夫對她的羞辱、貶低與控制，但是她也很害怕如果離開了這段關係，先生可能會報復她、讓孩子討厭她，甚至形塑成都是她的錯。另外，她也沒有信心在財務上能夠獨立。和卡拉談話時，我可以感受到她很想離開，又覺得自己沒有選擇權，整個人陷入無助與絕望的痛苦中。

「在你的生活中，哪些人是你的支持系統？你可以找哪些人談論這些事？」在第一次諮商會談時，我問了卡拉這個問題。理解個案生命中的「安全網」很重要，對每一位個案我都會問這個問題。

卡拉想了一想說：「我覺得我好像在過兩種人生。在朋友和同事眼中，我是一個開朗、樂觀、充滿自信的人。我和朋友們很常聚會，我們會一起去做瑜珈、聚餐、喝咖啡。但是在家裡的我無時無刻都充滿羞愧，覺得自己什麼都做不好，還要不斷受到先生的怒罵。我的朋友和父母沒有人知道家裡發生的這些事，每個人都覺得我有一個很美好的婚姻。」卡拉停頓了一下說：「沒有人……我的支持系統裡沒有人。」

在一個充滿精神暴力的婚姻裡待了八年，卡拉沒有讓任何一個人知道。經過了幾次諮商會談，我了解到，卡拉小的時候父母離了婚，在那之後她就學會麻痺自己的情緒，不去表達任何感覺。對卡拉來說，哭泣是丟臉的，表達情緒是令人羞愧的。於是，在同事和朋友面前，卡拉表現出一切都很完美的樣子。

在諮商中，我利用情緒變化三角帶著卡拉去覺察自己的防衛機制，以及去認識和感受情緒。漸漸地，卡拉越來越熟悉這個稱為「情緒」的語言，而當她擁有了語言可以去描述內心感受，她也開始願意讓自己脆弱，慢慢去嘗試和周遭的親人朋友說她發生了什麼事。當她願意說，就開始一點一滴織起了安全網。

現在，卡拉正處在離婚的過程中，就像她預測的，要面對情緒暴力的先生，整個過程一點都不容易。但是卡拉有一個很堅固的安全網——她的姐姐、兩位朋友、兩位同事，以及我這位治療師。當然，痛苦與哀傷的情緒依舊很壓迫，但是，如果你有一個安全網，有一群人願意聆聽與接納這些傷痛，那些原以為無法承擔的痛苦重量就會變得輕一點，心中巨大的孤寂感也會變得小一點，繼續走下去就會變得容易一些。

當我們互相比較，就無法與人連結

每個人都需要一個安全網，讓你在人生道路中跌落時可以好好被支撐住。但是，當一個社會強調比較與競爭，人與人之間就很難編織起這個安全網。因為當你選擇了「我要比你好」，就無法與人連結。

若是處在一個強調比較與競爭的社會，我們在成長過程中往往會被教導一定要「成功」，唯有成功才會得到父母以及老師的認可。這樣的成長經歷，會讓我們藉由和別人比較來彰顯自己——當我「比別人好」時，才會覺得自己有價值。我們會需要不斷批評人、貶低人，藉由把別人踩下去讓自己感到優越。

如果你願意，請觀察你一天當中內心冒出過哪些評價人的聲音，像是：「這個人怎麼這麼胖還穿裙子？」「這個媽媽怎麼會讓孩子吃這些東西？」「他們就是不夠努力、太懶惰，才會做這樣的工作。」「都這麼胖了還一直吃。」「這個爸爸怎麼這樣跟孩子講話？」「剛剛同事問那什麼笨問題，怎麼連這個也不會？」

如果你願意，請回想自己內心的評價，哪些是你最容易批評指責的領域：身材長相？學歷？工作成就？教養？還是社經地位？

通常，我們越喜歡批評別人的內容，往往是自己越感到自卑、越羞愧的部分。如果一位母親對自己的教養感到自卑，就更容易去數落其它母親做得不好；如果一個人對自己的身材感到羞愧，就更可能去挑剔別人的身材樣貌。因為我們對這些領域感到羞愧，所以藉由批評那些做更差的人來讓自己覺得優越、覺得自己很好。**「互相比較」和「把人踩下去」都是防衛機制，讓我們不需要去感受底下的核心情緒——羞愧**。

藉由貶低人來彰顯自己的優越，這樣的過程其實會讓人越來越孤獨、讓人與人之間越來越疏離。當你的目標是想要贏過別人，就會失去和人真正連結的機會。

如果你覺察到自己很容易去比較或貶低人，這其實都很正常，畢竟是這個社會灌輸給我們這樣的價值觀。曾經，有一部分的我也很容易去比較和評價別人，評價別人帶來短暫的自我良好感覺，但內心的孤獨感卻越來越深。在不斷的自我探索中，我慢慢去碰觸這些防衛機制下的核心情緒。當然，那一部分想比較和評價的我，現在偶爾還是會冒出來，而當我覺察到內心出現評價人的想法時，我就會問自己：「為什麼我需要貶低人？為什麼我現在的內心需要比較？如果現在不比較，可能會有哪些情緒？」如果你願意，也可以試著去探索這些防衛機制底下，有哪些核心情緒需要關注和處理？

達賴喇嘛與南非前教主戴斯蒙．屠圖在他們的著作《最後一次相遇，我們只談喜悅》（*The Book of Joy*）中，寫了一段我很喜歡的話。達賴喇嘛分享了一段西藏的祈禱文：「願我可以每碰到一個人時，不要感到優越。願我可以從心底內心，好好去欣賞這個在我眼前的人。」

沒有人可以在孤單中復原，我們需要一個互相支持的社會，因為，唯有在人與人的連結上，我們才能開始療癒。競爭與比較阻斷了人與人之間的連結，這些優越感築起高高的牆，讓你無法展現真實的自我，以及去看見另一個真實的人。

人與人的連結，可以治癒另一個人

有一項研究詢問了年輕人：「你人生中最重要的目標是什麼？」超過八成的受試者回答：「人生最重要的目標是變有錢。」同樣這批受試者中，有超過一半的人也說：「人生目標是要變得有名。」財富與名望是許多人認定的人生快樂關鍵，這讓我想到加拿大醫師蓋伯．麥特（Gabor Maté）在他的演講中用「餓死鬼」來做比喻。他說許多人就像餓死鬼一樣，拚命想要追逐名氣、成就、財富與權力來填補內心的空洞，但不管得到多少外在物質，內心還是一樣空虛。

因為，可以讓內心富足的不是物質，而是人與人之間真摯的連結。

美國哈佛大學學者羅伯特．沃定格（Robert Waldinger）博士在一場TED演講中，介紹了一個哈佛大學長達七十五年的研究。這個研究從一九三八年開始，追蹤總共七百多位當時年齡十九歲的受試者。截至幾年前，還有六十多位受試者繼續參與實驗，他們現在都已經九十多歲了。這個研究每隔幾年就去訪談受試者和他們家人，不僅如此，他們還為受試者抽血、掃描大腦等等。研究者想要理解：到底讓一個人的人生快樂的關鍵是什麼？

而這七、八十年來的人生資料告訴我們，人生幸福的關鍵，是人與人之間有良好關係，也就是我在書中不斷提到的：人與人之間有真摯的連結。

人與人之間真摯的連結，是人生快樂的關鍵。我們每一個人，都需要有其他人能夠讓你倚靠。在人與人的連結中，復原才能開始。在這個崇尚速成的世界，要建立人與人之間真摯的連結，卻需要時間與力氣——花時間去陪伴、傾聽、與別人的情緒和痛苦待在一起。

人生有太多東西無法掌控，我們唯一能夠掌控的，是如何對待自己、對待別人，以及我們選擇如何回應這個社會。你可以選擇卸下防衛機制，讓真實的自我被看見，或是選擇把自己關在心牢。你可以選擇同理與陪伴，去成為別人生命中的「對的人」，或者是選擇互相比較。你可以選擇與人建立連結，成為另一個人生命中所需要的安全網，或是選擇孤獨。每一天，你想要如何對待自己和別人，都是一種選擇。

【結語】

你的每一種情緒，都是正常的

「我這樣的感覺，正常嗎？」今年二十八歲的伯特因為工作和感情問題來到諮商室，我觀察到他在諮商會談中很常詢問我：「我有這些情緒是正常的嗎？」「我這麼焦慮是正常的嗎？」「我感到悲傷是正常的嗎？」

不只是伯特，我有其他好幾位個案也常詢問類似的問題：「以你的專業來看，我是不是有問題？你會不會覺得我不正常？」

不知道在讀這本書的你，是否也曾有過類似的疑問？

有這樣情緒和感受，我正常嗎？

就算身為一位諮商師，我在情緒冒出來後，有時腦中也會冒出這樣的想法：「我有這些情緒正常嗎？別人都是怎麼反應？」我多麼希望可以有台神奇的機器，在掃描你的心後，能在機器螢幕上顯示出你現在有的情緒和劇烈程度分數，這樣，我就可以告訴自己：「對，你看，我這樣感受是正常的，別人也是這樣的情緒和分數！」

但情緒很主觀，我們完全無法百分之百理解對方有哪些感受。因為沒有客觀的量尺，我們無法測量別人有哪情緒，我們不知道自己這樣的感覺算不算正常？

而會冒出「這樣感受正常嗎？」這種疑問，很大一部分也來自成長過程中，我們的每一種情緒並沒有好好被接納。如果小時候的我們一出現情緒，往往就被糾正、懲罰、指責，那我們就學習到有這些情緒不是正常的、不應該有這些情緒。

果然，在伯特的成長過程中，他的情緒從來沒有好好被接納。他記得自己從小就是個容易焦慮緊張的孩子，而每一次他出現焦慮症狀時，總是會被媽媽指責：「這有什麼好怕的，怎麼這麼膽小？」而到現在二十八歲了，伯特在工作和感情中還是有許多焦慮，每當焦慮擔心一出現，他的腦中「你這樣不正常」的聲音就會越來越大。

如果，小男孩伯特成長過程中，父母能夠接納他的每一種情緒，會不會就不一樣了？如果小男孩伯特焦慮時，媽媽可以告訴他：「會焦慮是很正常的，我們可以一起做幾次深呼吸。」在他悲傷難過時，父母可以同理他：「對啊，發生這樣的事情真的很令人難過，難過時，哭沒有關係。」在他感到憤怒時，父母可以幫助他理解：「會生氣很正常，每個人都會生氣。」然後教導他用健康的方式發洩憤怒。如果每個孩子在成長時學到每一種情緒都很正常、情緒來時可以怎麼面對，那麼，現在這個世界會不會很不一樣？

讓自己開始擁有情緒語言

美國社工系布朗教授在她的書中做了一個比喻：假設你今天右肩膀非常疼痛，但是你去看醫生時，嘴巴被膠帶封住，雙手被綑綁在後面，醫生問你哪裡疼痛時，你無法說話，也無法用手指給醫師看。這就是我們不認識情緒時會發生的狀況——許多人內心有許多情緒，但因為過去沒有機會學習如何辨認情緒並與情緒共處，搞不清楚內心這些感受是什麼，也就沒有語言可以描述形容這些情緒。

當大家無法去感受情緒時，就只能緊抓著防衛機制——麻痺情緒、忙碌、互相比較、謾罵攻擊人、優越感、歧視與偏見、完美主義、自戀，以及各種成癮行為。這些防衛機制，傷害了自己也傷害了他人。

這也是我想寫這本書的原因，想幫助大家理解情緒。認識情緒後，你就會知道，**情緒就只是情緒，任何再痛苦的情緒，就只是情緒。情緒是能量，就像浪潮一樣，你必須讓浪潮撲向你，去感受那些情緒在身體的感覺，情緒才會離開。當我們能夠開始感受情緒，就可以放下防衛機制，或許這個社會就能少掉許多人與人之間殘忍的傷害和對待。**

當你願意與情緒共處，才能真實的活著——願意去愛人、願意去嘗試、願意去與人連結、願意去讓自己脆弱。當然，你可能會心碎、會失去、會被背叛、會失敗、會感到失望，但是你了解到，再怎麼痛楚的情緒，你都能夠度過。這樣，你就可以為自己人生做決定，而不是由恐懼來為你做決定。

在這一本書的一開始，我邀請大家去感受情緒。而在這裡，我也要邀請你繼續使用在書中學到的方法，在每天日常生活中，花一點時間暫停下來，好好觀察自己的內在世界。情緒變化三角是一個工具，你可以常常詢問自己：我現在在情緒變化三角的哪個角落？我在使用防衛機制嗎？我感受到焦慮嗎？我感受到哪些核心情緒？接著，給自己一點空間去和每一種情緒好好共處。

情緒不是敵人，不需要被趕走。情緒是我們的朋友、是我們生命中的指引，告訴你喜歡與不喜歡什麼。任何情緒都沒有好或壞，都是生命中的一部分。如果你願意好好傾聽情緒傳遞給你的訊息，你就能知道下一步要往哪裡走、要做什麼決定。

祝福你，好好去感受。

療癒，從感受情緒開始

傷痛沒有特效藥，勇於面對情緒浪潮，就是最好的處方箋

作者／留佩萱
封面、內頁繪圖／ Mo Pan

主編／林孜懃
封面設計／謝佳穎
內頁設計排版／中原造像
行銷企劃／鍾曼靈
出版一部總編輯暨總監／王明雪

發行人／王榮文
出版發行／遠流出版事業股份有限公司
地址／ 104005 台北市中山北路一段 11 號 13 樓
電話／ (02)2571-0297　傳真／ (02)2571-0197　郵撥／ 0189456-1
著作權顧問／蕭雄淋律師
□ 2019 年 9 月 1 日 初版一刷
□ 2022 年 6 月 15 日 初版八刷

定價／新臺幣 350 元（缺頁或破損的書，請寄回更換）

ISBN 978-957-32-8633-2

遠流博識網 http://www.ylib.com E-mail: ylib@ylib.com
遠流粉絲團 https://www.facebook.com/ylibfans

療癒，從感受情緒開始：傷痛沒有特效藥，勇於面對情緒浪潮，就是最好的處方箋／留佩萱著. -- 初版 . -- 臺北市 : 遠流 , 2019.09
面；　公分
ISBN 978-957-32-8633-2（平裝）

1. 情緒 2. 分析心理學

176.52　　108012947